Walter Kappacher

TOURISTOMANIA

oder

Die Fiktion
vom aufrechten Gang

Als Orang-Utan im eigentlichen Sinn ist der Mensch alt; als historischer Orang-Utan ist er relativ jungen Datums: ein Emporkömmling, der nicht Zeit hatte, zu lernen, wie man sich im Leben benehmen muß.

E. M. CIORAN

Sie nehmen es mir nicht übel, Herr Neugebauer, daß ich Sie gebeten habe, durch den Hintereingang zu kommen.

Hübsch, dieses Hotelzimmer! Elfenbeinfarbene Imitation von antiken Stilmöbeln. Kunststoff. So haben die Hoteliers in Las Vegas oder Philadelphia vor fünfzig Jahren ihre Zimmer ausstaffiert. Mein Bruder hat Geschmack, Herr Neugebauer. Dort im Eck ist früher ein zylinderförmiger weißer Kachelofen aus dem neunzehnten Jahrhundert gestanden.

Möchten Sie etwas trinken? Was darf ich Ihnen anbieten? Hat Sie jemand kommen sehen? Nehmen Sie sich aus dem Kühlschrank – wenn etwas drinnen ist. Schalten Sie bitte den Fernseher ein und schließen Sie den *Laptop* an, er steht drüben bei meinem Gepäck; wir brauchen ihn, später, wenn die Hochrechnungen gezeigt werden.

Sind Sie schon wählen gegangen, Neugebauer? Lassen Sie, ich glaube Ihnen ja! Wie ist die Stimmung da drunten?

Was ich bräuchte, wäre eine Tasse Kaffee. Zwölf Stunden unterwegs, vor allem der Zeitsprung, der mir zu schaffen macht. Sollte mich ein wenig hinlegen; wenigstens die Lehne zurückklappen...

Bleiben Sie, Neugebauer, bleiben Sie! Ehe diese Schlacht nicht ausgetragen ist, wird nicht gefeiert.

Ist das mein Bruder der Bürgermeister? Er ist es! Und das hinter ihm ist Elfriede, seine liebe Frau. *O God!* Schieben Sie mich bitte näher hin und drehen Sie lauter! Warum wählen Politiker meistens zu Mittag, Neugebauer? Wollen sie unentschlossene Konsumenten, die während der Mahlzeit das Fernsehprogramm verfolgen, animieren, ihre Stimme am Nachmittag doch ja abzugeben? Wenn ich mir das Gewühl der Leute in ihren Trachtenanzügen unten auf der Straße anschaue, denke ich, die Beteiligung der Konsumenten an dieser Befragung wird eine sehr hohe sein, eine weitaus höhere als bei den letzten Gemeinderatswahlen; alle die Plakatständer, die ich auf der Fahrt zum *Goldenen Biber* gesehen habe, werden ihre Wirkung verfehlen; der Konsument kümmert sich nicht um einen angeblichen Untergang des Abendlandes; man könnte auch sagen, der Kleinbürger habe sich erst nach dem Erlöschen des Abendlandes im Jahre 1918 so richtig ausgebreitet und die endgültige Auflösung in die Wege geleitet.

Seit dreißig Jahren habe ich meinen Bruder Carl-Eberhard nicht mehr gesehen, Neugebauer.

Darin gleichen sich alle Politiker an Wahltagen: sie halten den Stimmzettel über den Schlitz der Urne und grinsen erwartungsvoll in die Kameras, und wenn keine Blitzlichter mehr aufflammen, lassen sie den Stimmzettel in den Container fallen. Haben Sie bemerkt, wie Elfriede fürsorglich ein Irgendwas am Rockärmel ihres Bürgermeistergatten weggewischt hat?

Sie haben recht, wir können nicht verleugnen, daß wir Brüder, daß wir aus einem Fleisch gemacht sind.

Um alles in der Welt, stehen Sie locker und halten Sie nicht immer Ihre Arme hinterm Rücken verschränkt; ich fresse Sie schon nicht. Nennen Sie mich Joe, aber stehen Sie nicht dauernd Habtacht. Setzen Sie sich! Hab eine *Kellogg* geheiratet vor dreißig Jahren und den Namen meiner Frau angenommen; Sturzenegger wäre nicht geeignet als Signum für meinen Konzern. Ich bin gespannt, wie mein Bruder reagiert, wenn er heute abend oder spätestens morgen vormittag meine wahre Identität erfährt. Darauf freue ich mich seit Monaten! Dieses Zimmer hat mein Bruder, wie wahrscheinlich alle Zimmer des *Goldenen Biber,* halbiert. Hier hat seinerzeit während der Festspielwochen immer die amerikanische Sängerin Livia Concetti gewohnt; das Zimmer hat eine Front von sechs Fenstern gehabt mit Blick zur Salzach hinunter und über die Altstadt hinweg zur Burg hinauf.

Sie dürfen jetzt den Ton wieder leiser machen. Ich könnte Ihnen nicht sagen, wie viele Mitarbeiter meines Imperiums die gelben Jacken mit dem blauen Schakal tragen; jedenfalls ist ihre Anzahl größer als zweihunderttausend – soviele Konsumenten zählt diese Stadt ungefähr, wenn ich richtig informiert bin.

Mein Bruder spielt sich jetzt als Retter auf, wissen Sie! Seit man mich aus meiner Heimatstadt hinausgeekelt hat, habe ich nicht aufgehört, Eure Zeitungen zu lesen. Was sollte es hier zu retten geben? Carl-Eberhard sitzt in allen wichtigen Gremien, im Festspiel-Präsidium und, als Ihr oberster Chef, im Direktorium des Stadtverkehrsbüros. Er war einer der eifrigsten Befürworter der *chinesischen Invasion* und ist, zu Verhandlungen, dreimal in Peking gewesen. Er war an der Baugesellschaft beteiligt, die das riesige Barackenlager draußen beim Flughafen errichtet hat. Heute plädiert er für einen *fürsorglichen* Tourismus, bemüht sich – wie es auch auf den Plakaten da drunten zu lesen ist –, die Flugzeugchartergruppen mit den blinden Gästen aus Indien und Pakistan hierher zu bringen, lockt mit Dumping-Preisen, kostenlosen Pizzas und Stadtführungen und einem ausgeklügelten elektronischen Lotsen-System, das die Ein-Tages-Turnusse der je zwanzigtausend Gäste starken Gruppen in genau bemessenen Zeitabständen durch die mit elektronischen Leitstreifen präparierten Straßen und Gassen der Stadt schleusen soll. Wie hier ohne einen nochmaligen Ausbau des Flughafens täglich neunzig Maschinen zusätzlich landen sollen, bleibt sein Geheimnis; die Pläne, den Mönchsberg abtragen zu lassen, liegen ja wohl vorläufig fest verschlossen in der Schublade des Bürgermeisters, wie ich Ihren Unterlagen entnommen habe.

Ich bin Ihnen sehr verbunden, daß Sie sogleich herüber gekommen sind; es wird sich auszahlen für Sie, Neugebauer! Glauben Sie mir, mein Bruder und mit ihm sein ganzer Klüngel wird untergehen; seine Taktik, diese Einwohnerbefragung gleichzeitig zu einer Machtdemonstration zu benützen, wird ein Schlag ins Wasser sein. Die Leute werden sich nicht für die Blinden, sondern für die neuen Gäste entscheiden, denn jedermann spürt, wo das Geschäft, wo der Ausweg für die Konsumenten liegt; mein Bruder wird entweder sein Gesicht verlieren, oder er muß, wie er es für den Fall einer Niederlage angekündigt hat, abdanken. Also wird er seinen Hut nehmen, wird über das Unverständnis der Verbraucher, über eine allerletzte vertane Chance zur Rettung der Stadt lamentieren, aber er wird nicht allzulange klagen, sondern seine Betriebe vorbereiten und umstellen, wird rechtzeitig Blattwerk, Gräser und Trockenfisch einfliegen lassen und in seinem Kühlhaus lagern. Meine Rechnung wird aufgehen, und es wird auch Ihr Schaden nicht sein, sich rechtzeitig auf die richtige Seite geschlagen zu haben; Ihr Paket mit den fotokopierten Korrespondenzen hat einige hilfreiche Fakten enthalten. Sie werden Ihre Scheidung finanzieren können... Schauen Sie nicht so verstört! Heute abend, nach der Bekanntgabe des vorläufigen Endergebnisses, gebe ich Ihnen den ersten Scheck.

Selbstverständlich habe ich ein Dossier über Sie anlegen lassen. Sie stammen aus Mattighofen, sind nach dem Publizistik-Studium hier hängen geblieben, seit vier Jahren im Stadtverkehrsbüro, leiten die Presse-Abteilung. Heirat, Eigentumswohnung, Einbauküche, Leder-Sofa, Kredite... Und jetzt die Ehe kaputt, nicht wahr, und jetzt wird Ihre Frau die halbe Einbauküche herausreißen lassen, und Sie müssen Sie auszahlen... Aus Bischofshofen stammen Sie? Haben wir uns in der Himmelsrichtung geirrt! Nun machen Sie kein Gesicht wie ein Bub, den man am Ohr gezogen hat. Vielleicht weiß ich mehr über Sie als Sie selbst; die Damen und Herren unserer Wiener Repräsentanz sind auf Draht! Kein Problem, den Computer der Stadtgemeinde und ihrer Personalabteilung anzuzapfen. Als ich so alt war wie Sie, habe ich keinen Gedanken an eine Heirat verschwendet. Mit fünfzehn habe ich mir nicht vorstellen können oder mögen, daß die jungen Frauen, die in einer Reisegruppe aus den USA, aus England, Japan oder Italien mit einem männlichen Begleiter ein Doppelzimmer bezogen, mit diesen Männern (bei Mädchen, die mir gefielen, waren mir ihre Begleiter stets als widerliche Kerle erschienen) tatsächlich sexuell verkehrten. Umso mehr, als alle diese Paare nach ein paar Tagen bloß noch verdrießlich dreinschauten, wenn sie vormittags im Frühstückssaal erschienen, oder nachmittags von einer shopping-tour zurückkehrten. Wie oft bin ich nach dem Aufbruchstrubel und Gepäckschaos einer Reisegruppe, ehe die Zimmermädchen sich an die Arbeit machten, in die Gemächer solcher junger Pärchen gegangen und habe versucht, das Geheimnis der Liebe zu ergründen. Bettücher, Papiertaschentücher, Schnapsflaschen. Solche Bumsreisen von jugendlichen Konsumenten, die kurz zuvor von gegenseitiger Habsucht entflammt, durften, das habe ich ein paar Jahre später begriffen, höchstens drei Tage dauern. Diese Pärchen buchen eine Reise zu irgendeinem Zielort in der Welt, um dort im Hotelbett ungestört und mit einem neuen Reiz einander zu – sagen wir – konsumieren. Für viele tut es dann nicht irgendein Hotel mit guten Betten in irgendeiner fremden Stadt, es muß auch noch die gute alte abendländische Kultur und Geschichte aufwarten; *Liebespaare* wollen in eine *romantische* Umgebung, und so fliegt man nach Paris, nach

Brügge oder nach Rom. Solch ein Paar, in der ungewohnten Umgebung ganz auf sich gestellt, Tag und Nacht beisammen, hält es niemals eine Woche lang aus in Venedig, in Amsterdam oder Salzburg. Drei Tage, sagte ich mir, sind das höchste der Gefühle, und versuchte meinen Vater – um mehr freundliche Gesichter im Haus zu haben – zu überreden, bei den Anmeldungen die Kurzreisen zu bevorzugen, ohne Erfolg, wie Sie sich denken können; ein Leintuchwechsel, eine Zimmerreinigung alle zwei drei Tage sind nicht rentabel. Zehn Jahre später, als ich *Happy-Travel* gründete, hatte ich mit meinen zwei- und dreitägigen Charterflugreisen zu europäischen Destinationen sogleich den größten Erfolg, die Auslastung der Maschinen betrug bis zu 98 Prozent.

Jeder Konsument hat heutzutage ein Studium absolviert, jeder hat aus Fernsehen und Romanen irgendeine verschwommene, meist völlig irrige Vorstellung von Venedig, Paris, Wien oder Florenz. Ich lockte nicht wie die anderen mit shopping, Frühstück-ans-Bett oder kostenlosem Leihwagen, sondern mit dem Forum Romanum, der Mailänder Oper oder dem Prado. Die Konsumenten möchten im Grunde nicht das Forum Romanum, die Markuskirche oder ein Gemälde von Leonardo oder Raffael sehen, sie projizieren bloß die entsprechenden Fernsehbilder in ihrem Kopf auf das was sie sehen. Der Verbraucher will gar nichts wissen von fremden

Ländern und Städten, es genügt ihm, unterwegs und neuen Reizen ausgesetzt zu sein und seine Klischeevorstellungen bestätigt zu sehen. Der Konsument fühlt sich niemals wohl an dem Ort, an dem er sich gerade befindet, kann mit sich und seinen *Nächsten* nichts anfangen. Das hat die Autodrom- und Tourismusbranche zum Florieren gebracht, mein Lieber!

Besonders den jungen Frauen schienen solche kulturelle Aspekte im Kundengespräch am Reisebüroschalter den Buchungsabschluß für ein Doppelbettzimmer zu erleichtern.

Seit dreißig Jahren bin ich nicht mehr in dieser Stadt gewesen, aber niemand weiß besser als ich, was sich hinter den Fassaden, den Attrappen der ausgehöhlten alten Bürgerhäuser an der Griesgasse abspielt.

Meine Jugend steigt wieder herauf, wenn ich die Augen schließe...

Warum wehrt sich mein Bruder so vehement, warum hat er sogar – mit zwei Räten verschwägert – den Gemeinderat auf seiner Seite gegen die Charterflugketten aus Afrika? Das werden Sie sich in den letzten Wochen vielleicht gefragt haben. Ich sage es Ihnen: Weil Carl-Eberhard seinen Betrieb völlig umstellen muß, seine Brathähnchen-Produktion in Lengfelden und seine sieben über die bestfrequentierten Plätze der Altstadt verteilten Hühnchen-am-Stecken-Buden, vom Nonntal bis zum Mirabellplatz, vom Flughafen-Terminal bis zum Festspielhaus. Die künftigen Gäste essen hauptsächlich Vegetarisches, Früchte; rohes Fleisch vom Wild lehnen sie nicht ab, weigern sich jedoch, Brathuhn zu verspeisen.

Mein Bruder hat sich zuerst auch gegen die Charterflugketten mit den chinesischen Pensionisten gewehrt; damals hatte er noch nicht die Macht in der Stadt, die er heute ausübt, mußte die Fabrikation umstellen auf Fischstäbchen und Reiskügelchen, die er aus China importierte, zwei Transportmaschinen pro Woche. Sie können jene Jahre, die Jahre der *chinesischen Besatzung* – sagt man nicht immer noch so? – wenigstens nicht bewußt erlebt haben. Wie die meisten Konsumenten, die hier ansässig sind, stammen Sie aus der ländlichen Umgebung. Früher jedenfalls hat die Stadt eine magnetische Anziehungskraft ausgeübt auf die jungen Menschen, den Konsumentennachwuchs aus dem Flachland nördlich oder den Gebirgsgauen südlich der Stadt, ein mächtiger Trieb nach dem Gedränge der Landesmetropole. Es war kein *kulturelles Bedürfnis,* keine Sehnsucht nach dem *Schönen* (welche vor siebzig oder mehr Jahren den einen und anderen musisch gestimmten Menschen hierhergezogen haben mochte), es waren so wie immer und überall die besseren Verdienst-, Amüsier- und vor allem die vielfältigen Einkaufsmöglichkeiten einer Stadt. Die Cleveren sind nach Wien gegangen, die Zaghaften in einer der Landeshauptstädte hängen geblieben. Wenn Sie hier geboren wären, würden Sie sich vielleicht noch an die greisen Chinesen erinnern – ein eigener Friedhof mußte draußen hinter dem Flughafen errichtet werden, viele der bejahrten Reisegäste überlebten nicht einmal den Herflug –, Sie würden womöglich zur chinesengeschädigten Generation gehören, wie man gesagt hat, dabei haben jene Charterturnusse bloß drei oder vier Jahre gedauert. Damals war nicht viel von einer *Völkerverständigung* zu sehen gewesen. Zum ersten Mal artete die Begegnung zwischen einheimischen Konsumenten und ausländischen Besuchern in Aggressivität aus. In einer Bäckerei prügelten lange vor dem Eingang wartende einheimische Verbraucher chinesische Touristen zur Tür hinaus, anderen wurden die Video-Kameras aus der Hand geschlagen. In der Getreide- und Judengasse stießen Einheimische sich ihren Weg mit Stöcken frei, in den Supermärkten verdichtete sich manchmal, wenn Hunderte von chinesischen Gästen die Reihen an den Kassen anführten, die Atmosphäre zur Pogromstimmung... Selbstverständlich hat es damals auch Einquartierungen in den Privathäusern und Wohnungen im Zentrum gegeben. Die Salzburger haben immer gestöhnt über die Touristen, aber gleichzeitig haben sie, zum Glück, die Hand aufgehalten und die Devisen eingesteckt.

Unter dem Strich, rechnet man die Zerstörungen und Umweltschäden, ist in jenen Jahren wohl nichts übrig geblieben; aber, mein Lieber, die Statistik! Keine Stadt ähnlicher Größe in Mitteleuropa hat eine solche Steigerung der Übernachtungszahlen vorweisen können!

Sie wundern sich, daß ich so gut Bescheid weiß?

Christine, die jüngste Tochter meines Bruders, hat mich während ihres Volontariats im New Yorker *Marriott* oft besucht; wir sind fast jede Woche essen gegangen. Wenn mein Bruder wüßte, was für einen Appetit seine wohlbehütete Tochter – ich meine nicht beim Essen – entwickelt hat!

Unsere Familie hat immer schon vom Fremdenverkehr gelebt. In unserem *Goldenen Biber* sind zur Zeit meines Großvaters viele Festspielkünstler abgestiegen. In den ersten dreißig Jahren ihres Bestehens waren diese Festspiele noch mehr ein Kunstereignis gewesen als ein Touristenspektakel mit einem Dirigentenstar, der im Rennwagen ins Foyer des Festspielhauses hineinfährt.

Ich erinnere mich an die Gäste jener Jahre, als ich, mit achtzehn Jahren, die Rezeption unseres Hauses geleitet hatte. Alle die Witwen zwischen sechzig und achtzig, aus dem Ruhrgebiet oder dem Tessin, die sich zur Festspielzeit mit ihren Vermögensverwaltern in Salzburg getroffen haben! Die Frauen sind meist in einem schweren schwarzen BMW hergefahren worden, die Steuerberater in Mercedes-Limousinen. Sie haben zusammen eine Oper besucht – wie oft habe ich mich verzweifelt bemüht, in letzter Minute noch Eintrittskarten zu bekommen – immer hat es eine Karajan-Veranstaltung sein müssen –, und spätnachts haben sie dann im Extra-Stüberl mit Champagner das abgelaufene Steuerjahr besprochen, sind einen Schriftsatz durchgegangen, haben eine neue Stiftung erwogen. Warum sie deswegen nach Salzburg gekommen sind – Köln, Hamburg, Zürich, München oder Wien hatten ausgezeichnete Opern –, habe ich nie begriffen. Vielleicht weil der Name Karajan zur Zeit meiner Emigration ein hervorragendes Symbol für den legitimen Bund von Profit und Kunst gewesen ist.

Diese lächerlichen Demonstranten, die da unten den Makart-Steg blockieren! Sie sind gegen die Ankunft der Blinden, wie gegen die Ankunft der Gäste aus Afrika. Diese Leute sagen jedenfalls nie, wie die Konsumenten überleben sollen, wer ihre Einkaufstouren, ihre Trachtenanzüge bezahlen, welcher Weg gegangen werden soll; diese jungen Wirrköpfe haben noch nie eine einzige Reisegruppe, eine Lire- oder Dollarnote in die Stadt gebracht, sie haben noch niemals einen Vorschlag unterbreitet, aus welchen Kassen die Sozialhilfe an die Konsumenten gezahlt werden soll.

Tatsächlich sind es Männer wie Sie und ich, die dem Konsumentenvolk die tägliche Einkehr in die Kaufhalle, die Flugreise nach Togo oder

Rio ermöglichen. Der Verbraucher ist an sich das überflüssigste Geschöpf dieser Erde. Sehen Sie, ich könnte auf einen Großteil meiner zweihunderttausend Mitarbeiter verzichten. Maschinen würden ihre Arbeit rascher, besser und billiger verrichten, aber, wer würde dann die Produkte und Dienstleistungen kaufen? Dieses Problem ist meines Wissens noch von keinem richtig durchdacht worden.

Ich muß zugeben, die Idee, die Bemühungen Carl-Eberhards, blinde Touristen aus Indien zu gewinnen, ist gut; wie ich aus den von Ihnen zur Verfügung gestellten Unterlagen sah, seid Ihr auch mit Blinden-Organisationen in den USA und in Kanada in Verbindung getreten; andererseits haben italienische Städte sich schon vor zehn Jahren um solche Charterfluggäste bemüht. Der Gedanke war ursprünglich wohl der gewesen, *irgendwelche* Touristen zu bekommen, als die unübersehbaren Touristenströme der achtziger und neunziger Jahre mehr und mehr ausblieben. Immerhin hatten die einheimischen Verbraucher ihre Existenz abhängig gemacht von den Ankünften der ausländischen Konsumenten.

Ist Ihnen schon aufgefallen, daß beinahe jedes Argument, das mein Bruder für das Geschäft mit den Blinden herausstreicht, auch für die Ankunft der Schimpansen verwendet werden kann? Das Leitsystem, das die Blinden durch die Straßen schleust, sie wieder zu ihren Autobussen und Unterkünften bringt, diese elektronischen Lotsen, die den Gästen wie Armbanduhren ans Handgelenk geschnallt werden, können ebensogut für die Schimpansen eingesetzt werden. Fürchten auch Sie, wie ein Leserbriefschreiber in der heutigen Zeitung, es könnte während der Aufenthalte der Schimpansen zu Ausschreitungen in der Bevölkerung kommen, so wie damals, während der Jahre, als die Gäste aus China das überwiegende Kontingent an ausländischen Konsumenten hier bestritten? Diese Vorfälle sind damals ja sogar in der Weltpresse gemeldet und kommentiert worden; allerdings passierten ähnliche Vorfälle nicht nur in Österreich. Schlägt ein einheimischer Konsument einem ausländischen Gast zum Beispiel die Videokamera aus der Hand, weil vorher im Gedränge schon hundert andere Geräte ihm gegen den Ellbogen oder die Hüfte schlugen, die Stirn streiften, ihm auf dem Gang zum Supermarkt behinderten, oder prügeln einheimische Konsumenten eine Gruppe von Gästen aus einer Kaufhalle, nachdem die Warterei vor der Kasse sie aufgerieben hat, so wird das im Ausland übel vermerkt, während bei ähnlichen Vorkommnissen in anderen Ländern vom Streß geschrieben wird, in den die Verbraucher geraten, von den persönlichen Frustrationen und Aggressionen der Leute, die sich an eigens zu diesem Zweck aufgestellten Kopien von Philosophendenkmälern und alten Brunnen abreagieren.

Nun war es ja interessant zu beobachten, daß die ausländischen Verbraucher nicht grundsätzlich gegen sie gerichtete Gewalt ablehnten; folgerichtig wurden junge männliche Einheimische in ihren Trachtenanzügen zum Verprügeln von ausländischen Konsumenten sowie zum Einstecken von Schlägen ausgebildet. Hier mußte mit besonderem psychologischem Gespür vorgegangen werden; nicht jeder Gast wünscht eine Prügelei, aber auch nicht jeder, der stumpfsinnig wie auf dem Weg in die Strafkolonie an Auslagen vorbeischlurft, ist einer Erfrischung, die eine solche Prügelei zweifellos bringen kann, abgeneigt.

Übrigens wäre ich nicht so sicher, lieber Herr Doktor, daß eine *angeborene Hemmung* die Einheimischen zurückhielte, blinde, tappende Gäste anzugreifen, wenn im Gedränge auf den Straßen und Plätzen klaustrophobische Ängste und Streßgefühle eben jene Hemmung außer Kraft setzten. Der einheimische Konsument – soviel kann ich als Beobachter der Tourismus-Szene sagen – ist im Grunde ein disziplinierter Partner, der sich im allgemeinen an die Kleidungsvorschriften und Ausgehzeiten hält; aber er kann einmal die Contenance verlieren. Stellen Sie sich vor, wie die Weltpresse in diesem Fall reagieren würde. Haben Sie dieses Argument dem Herrn Bürgermeister vorgetragen?

Sie sind also, so wie ich, davon überzeugt, daß die Konsumenten der Stadt sich gegen das aus ihren Reihen gewählte Oberhaupt entscheiden werden. Es wäre tatsächlich ein fürchterlicher Reinfall gewesen! Bei den Reiseturnussen mit blinden Gästen aus den USA zum Beispiel hätte die Stadt, nicht anders als frühere Zielorte, die bereits Ankünfte von Blinden zu verzeichnen hatten, mit einem Verlust abgeschlossen; mein Bruder operiert da mit Zahlen, die er wahrscheinlich geträumt hat. Diese Gäste erhalten von den Sozialkassen ein Taschengeld von 20 Dollar; damit können sie sich gerade ein paar Limonaden kaufen und nicht einmal einen neuen Film für ihre Kameras. Die einzigen, die bei diesen Arrangements verdienen, sind die Fluggesellschaften und Omnibusunternehmer.

Ein Argument allerdings spräche für den Abschluß mit den Charterflugketten aus Montreal oder Detroit: die Festspielgesellschaft hätte im kommenden Sommer erhebliche Einsparungen zu verzeichnen gehabt. Da die blinden Gäste – ich nehme an, die Buchungszahlen, die Sie uns vorgelegt haben, stimmen – gegenüber anderen Reisenden erheblich in der Mehrzahl wären, könnten die Festspiele sich auf konzertante Aufführungen beschränken; der Schimpanse wiederum, das ist richtig, erfreut sich an bunten Kostümen und einem üppig gestalteten Bühnenbild.

Ich rege mich auf wegen der Demonstranten, kann mir kaum vorstellen, daß ich vor vierzig Jahren selber demonstriert habe. In Ihrem Alter war ich ein *idealistisch* gestimmter Mensch, ganz im Gegensatz zu meinem Bruder, der damals den *Goldenen Biber* geführt hat und daneben eine Immobilienkanzlei, zusammen mit einem Studienkollegen, einem Juristen. Sie haben Altstadthäuser aufgekauft, kaufen lassen, renoviert, indem die alte unbrauchbare Bausubstanz herausgelöst, die Tramdecken und Böden und Mauern entfernt wurden. Hinter den historischen Fassaden, die man aus ästhetischen Gründen hatte stehen lassen, waren Betonhäuser, geeignet für Büros und Supermärkte, errichtet und an meist ausländische Konzerne und Anleger verkauft worden.

Heute erscheint mir meine Haltung von damals nicht gerade lächerlich, aber eher unverständlich.

Sind Sie niemals demonstrieren gegangen? Sie müssen doch auch irgendwelche Ideale besitzen, Neugebauer!

Als ich so alt war wie Sie, habe ich den allgemeinen Motorisierungsdrang – von ein paar Anarchisten als *Zwangsneurose* bezeichnet –, den langsamen Aufstieg der Stadt zum berühmten Tourismusprodukt eher skeptisch, wenn nicht ablehnend beobachtet. Die Stadt war alles andere denn tourismusfreundlich, die viel zu engen Gassen, die zu kleinen Plätze der Altstadt engten den Zustrom der auf den Luft- und Landwegen hertransportierten ausländischen Konsumenten zu sehr ein. Wo hätte ein Gruppenführer seine Schar um sich sammeln können, um sie auf die Einkaufsmöglichkeiten hinzuweisen, ohne vom Führer einer anderen Gruppe in einer anderen Sprache überschrien zu werden? Dazu kam, daß es Souvenirläden in ausreichender Zahl nicht gegeben hat. Viel zu schleppend ging die Kultivierung der an sich gut verwertbaren schönen Umgebung voran: Im Sommer mangelte es an Motocross-Rennstrecken, Absprungbasen für Gleitschirmflieger, Golfplätzen und asphaltierten Gebirgswanderstraßen mit einer ausreichenden Anzahl von Müllcontainern; im Winter ragten immer noch ungenutzte, konsumentenfeindliche Hügel und Hänge in den von Gedröhn erfüllten Himmel; vor den Liften stauten sich die Verbraucher, blickten nach oben, wo viel zu wenige Hubschrauber andere Herrschaften zu den Gletschern transportierten. Um es in einem Satz zu sagen, es war verabsäumt worden, die Landschaft, die Berge benutzerfreundlich umzugestalten.

Für den einheimischen und für den Konsumenten aus den umliegenden Gemeinden, oder den hinter ihren Lärmschutzwänden an der Peripherie Hausenden, ist die Stadt niemals etwas anderes gewesen, als ein viel zu beschränktes Ensemble von Abstellplätzen für sein Automobil; wäre es nach dem Verbraucher gegangen, er hätte am liebsten alle historischen Gebäude in Parkgaragen umbauen lassen, damit er sein Eingekauftes nicht weit zu tragen braucht. Seltsamerweise hat sich dafür doch keine Mehrheit gefunden.

Das Problem war, wie verwandelt man das von den Fürsterzbischöfen in Jahrhunderten aus düsterem Gestein gestaltete Stadtzentrum in einen einkaufsfreundlichen Bereich, wo die Stimmung der ankommenden Konsumenten sich hebt?

Die kleinbürgerlichen Erzbischöfe der letzten fünfzig Jahre gestatteten wenigstens – und erreichten damit vorübergehend eine gewisse Popularität bei den in- und ausländischen Konsumenten – Pop-Konzerte und *Truck-Rodeos* vor dem Dom, Gebrauchtwagenbörsen auf den Kirchplätzen, und Tausende applaudierten den zweitägigen Darbietungen von amerikanischen Bomberpiloten, die in atemberaubenden simulierten Sturzflügen über der Stadt jung und alt begeisterten.

„Das ist ja wie in der Oper!" sagte ein zum sogenannten besseren Publikum zählender Besucher einer Automobil-Präsentation im Foyer des Festspielhauses, als ein Werbefilm über ein Sportwagenmodell mit einem *gewaltig tönenden Festchorus* abgeschlossen worden war.

Der Konsument, so dachte ich damals, frißt alles in sich hinein, und hinterläßt, wenn er seinen Mund für immer zumacht, nichts als einen gigantischen Haufen von kontaminierter Scheiße und seinen Anteil am Zerstörungswerk. Wer sollte die Kleinbürger, die Konsumenten am Verwüsten der Welt, so fragte ich mich, hindern, wer soll sie vor sich selber schützen, sie *regieren* sich ja selber, und ihre alltäglichen, beiläufigen Terroranschläge gegen die Millionen Jahre alte *Schöpfung* haben die Erde innerhalb zweier Menschenalter ruiniert, ohne daß sie es auch nur bemerkt hätten.

Wie seltsam das Wort Kleinbürger aus Ihrem Mund klingt, Neugebauer! Es ist eines der Kennzeichen des Kleinbürgers, daß er andere Kleinbürger Kleinbürger nennt, oder gar Spießbürger, sich selber aber davon ausnimmt...

Selbstverständlich bin ich, wie alle Führer, die wir den Konsum bereiten und organisieren, ein Kleinbürger; ein Plus an Willkür und Ambition und exklusivere Konsummöglichkeiten unterscheiden uns von der Masse der Verbraucher. Im Grunde, mein Lieber, regiert der Konsument durch seine Stimmabgabe – das ist sein Einkauf – die Welt, wobei wir uns schon zugute halten dürfen, daß wir diese Stimmabgabe mithilfe unserer Creativ-Truppen zu beeinflussen vermögen...

Ich habe beobachtet, wie ein schönes altes Bürgerhaus nach dem anderen verkauft und für die Einkaufszeile nutzbar gemacht worden war. Die früheren Bewohner hatten meistens ein gewisses Verantwortungsgefühl diesem Gut und ihren Nachkommen gegenüber besessen, haben es über Generationen erhalten. Seit nach dem ersten Weltkrieg das Bürgertum valet gesagt hat, sich die wenigen übriggebliebenen Bürger nach dem zweiten Weltkrieg in Kleinbürger, in Konsumenten verwandelten, konnte eine zeitgemäßere Nutzung begonnen werden. Die Hausbesitzer vermochten, wie ich beobachtet hatte, den lockenden Angeboten der Großkonzerne nicht zu widerstehen und verkauften die Häuser. Ohnehin wären sie in den meisten Fällen nicht in der Lage gewesen, sie zu sanieren und zu modernisieren. Eine kleine Gruppe von oppositionellen jungen Politikern wollte in die andere Richtung, und tatsächlich – wer hätte es gedacht? –, bei einer Gemeinderatswahl erhielten sie von der Konsumentenschaft soviele Stimmen, daß sie ins Rathaus einziehen konnten. Ein paar Jahre später, die etablierten Parteien hatten die Slogans der winzigen Opposition übernommen, war die alte Ordnung wieder hergestellt, konnte die positive Entwicklung weitergeführt werden.

Können Sie sich vorstellen, daß ich mich ein paar Jahre lang für diese kleine Oppositionspartei engagiert habe, die damals zum Beispiel vorschlug, den ausländischen Gästen, die sich für einen Aufenthalt in unserem Land angemeldet hatten, zu schreiben: Bitte besuchen Sie unser schönes Land nicht, ruinieren Sie es nicht!, und sogar erwog, diesen Verbrauchern einen Geldbetrag zu übersenden, damit sie sich den motorisierten Rudeln in andere Richtungen anschlössen?

Die Mitglieder meiner eigenen Familie, vor allem mein Herr Bruder, nannten uns *Kommunisten*. Dieses Wort hat damals in gewissen Kreisen noch einen leisen Schauer ausgelöst; die Spekulanten ahnten nicht, daß ihresgleichen auch hinter dem sogenannten Eisernen Vorhang tätig waren, daß politische und religiöse Maximen wenig mit dem realen Konsumleben zu tun haben.

Ich habe mir wahrscheinlich gesagt – bedenken Sie, ich war Idealist –, wenn du diesem Banausentum schon nicht entkommen kannst, dann werde selber Banause, aber nicht hier in diesen kümmerlichen Verhältnissen, hier, wo es nichts mehr zu holen gibt, sondern im großen Stil; es soll sich auszahlen, habe ich mir vorgenommen.

Damals wurde in der Stadt ein *Mozartfonds* gegründet, und ich erreichte – mein Gesinnungswandel wurde mit Befriedigung zur Kenntnis genommen –, daß ich Mitglied jener Delegation wurde, die nach New York flog, um mit dem Werbekonzern, der die Vermarktung des Namens Mozart übernehmen sollte, zu verhandeln. Das Signum *Mozart* sollte – in Verbindung mit Salzburg – weltweit als Werbeträger verwendet werden, so dachten die Geschäftsleute und Politiker, und Hunderte Millionen an Lizenzgebühren einbringen.

Vorsorglich war eine *Ethik-Kommission* eingerichtet worden, um zu verhindern, daß der Name Mozart oder die Festung Hohensalzburg auf Bierdosen, Präservativen oder in Cellophan verschweißten Brathühnern prange. Das ist mir damals vorgekommen, als schickte einer seine Tochter auf den Strich und beteuere, er vermittle ihr nur ehrenhafte Freier...

Meine guten Englischkenntnisse, in der Hotelfachschule erworben, kamen mir sehr zustatten, und da die mitreisenden Politiker und Beamten nur sehr mangelhaft Englisch sprachen, leitete ich die Gespräche mit Miß McNamarra, einer der Managerinnen dieses damals größten Werbekonzerns der Welt, und als McNamarra, im geschlitzten Rock, mich in ihren Marmorpalast außerhalb von New York einlud und mich fragte, ob ich nicht für sie arbeiten wolle, habe ich sofort zugesagt. Ich habe mir nicht einmal meine persönlichen Sachen aus der Heimat schicken lassen, ich habe in jeder Beziehung ein neues Leben angefangen, und trotz fehlender Ausbildung im Werbefach zählte ich in weniger als einem Jahr zu den Creativ-Direktoren des Hauses.

Für das Signum *Mozart* waren Lizenzverträge nur sehr schwer abzuschließen, auch war die Stadt zu klein für ein effektives Kultur-Sponsoring.

Ich vergaß zu sagen, daß ich ein neues Emblem entworfen hatte und den Namen Mozart nun ohne Umweg über Salzburg zur Verwertung vorbereitete. Die Proteste aus der Heimat nützten gar nichts, Mozart gehört der ganzen

Welt, und wir wollen nicht vergessen, daß der Fürsterzbischof den Komponisten einst aus der Stadt hinausgeekelt, manche sagen sogar mit Fußtritten hinausbefördert hat.

Oft bekam ich zu hören, das Image der Stadt Salzburg sei schwer geschädigt: Es gebe dort nichts zu sehen als unübersehbare Horden von Herumhatschenden inmitten des smogverseuchten, kaum sich bewegenden Autobus- und Automobilverkehrs, dazu noch der herzbeklemmende Krawall der startenden und landenden Flugzeuge, habe ich immer wieder von Konzernchefs, von mimosenhaften Werbedirektoren zu hören bekommen, die der Stadt vor Vertragsabschluß anscheinend einen Besuch abgestattet hatten.

Die Verantwortlichen hier dachten, es genüge, die alten *Sound-of-music-Filme,* welche seinerzeit die Basis für die Verwertung, für den wirtschaftlichen Aufschwung gewesen waren, immer wieder kopieren und auf der ganzen Welt aufführen zu lassen; insbesondere lag eine Auswahl dieser Videokassetten neben den Fernsehapparaten in allen hiesigen Hotels.

Und obwohl die Ethikkommission schließlich auch sanitäre Anlagen, Waschpulver, Garagentore als Werbeträger akzeptiert hätte, konnten Lizenzverträge nur sehr schleppend abgeschlossen werden, so daß ich mich bei meiner Arbeit auf die Betreuung der Festspiele durch unsere Agentur konzentrierte. Hier konnte ich auf Anhieb Top-Kunden wie Coca-Cola, Exxon, Mercedes-Benz, Levis, McDonald's, IBM und BASF zum Vertragsabschluß bewegen. Die Salzburger Festspiele wollten zwar ins Geschäft kommen – die guten Zeiten waren vorbei, und die gigantischen Zuschüsse aus Steuergeldern nicht mehr möglich –, sie zögerten jedoch. Am liebsten hätten sie zwar die Dollars genommen, die Werbung aber auf ein paar Anzeigen in den Programmheften beschränkt. Einige Damen und Herren dort erinnerten immer wieder an den glorreichen, alt-ehrwürdigen Ruf der Festspiele, an das Publikum mit höchstem Niveau, das diese Veranstaltungen früher angeblich angezogen habe; dem konnte ich entgegenhalten, daß die Vermarktung der Festspiele nicht nur innerhalb der Branche – durch die Schallträgerfirmen –, sondern zum Beispiel auch durch die Präsentation von Automodellen im Foyer des Festspielhauses immer schon Tradition gehabt hat. Benzinstinker im Musentempel – soweit sind nicht einmal wir gegangen, obwohl ein kanadischer Traktoren-Hersteller Interesse an einer solchen Präsentation gezeigt hatte.

Anfangs, verstehen Sie, bin ich äußerst diskret verfahren: Als Eishockey-Spieler kostümierte junge Damen verteilten Prospekte einer Heizungsfirma, während eine halbe Stunde vor Aufführungsbeginn das Publikum ins Foyer des Festspielhauses strömte. Zwanzig als Mozart verkleidete Burschen boten Süßigkeiten an, den neu creierten zuckerfreien Mozart-Oktaeder. Auf den Bühnenvorhang wurden vor Beginn der Aufführungen und in den Pausen Werbe-Videos projiziert. Später konnten wir während der – etwas verlängerten – Zwischenakte einer Oper Werbespots einschalten, und ich muß sagen, das internationale Publikum hat diese kleinen Präsentationen, wie von mir vorausgesagt, sehr gut angenommen, so wie die vom Kunstgenuß kaum ablenkenden Geräusche der pausenlos startenden und landenden Charterflugzeuge.

Die Regisseure wehrten sich zunächst dagegen, daß die Sängerinnen und Sänger nach einer Arie aus *Carmen, Aida* oder *Der Maskenball* in einem Werbespot singen sollten, wobei blitzschnell eine entsprechende Kulissenwand hinter den Künstler geschoben wurde. Der Beifall war gerade bei diesen Darbietungen – wir beauftragten prominente Komponisten mit der Creation der Werbearien – nicht enden wollend. Die Sänger und Sängerinnen haben dabei gute Börse gemacht, trotzdem hat es eine Weile gebraucht, bis ich alle davon überzeugt hatte, daß Kunst und Werbung nicht zu trennen sind. Die *Marienvesper,* die *Sixtinische Kapelle, Die Togliatti-Werke bei Sonnenaufgang,* alles Werbung; bloß daß wir heute andere Herrschaften haben, die Konsumenten, wie Sie wissen.

Wir hatten damit gerechnet, daß die Tonträgerfirmen sich weigern würden, die Sängerstars bei Plattenaufnahmen auch ihre Werbespots mit einbringen zu lassen, daß sie darauf bestehen würden, bei Live-Aufnahmen diese Spots herauszuschneiden. Also kauften wir eine dieser Tonträgerproduktionsfirmen, verbilligten unsere CD's, und ein Jahr darauf mußten die anderen Firmen nachziehen, sie wären sonst auf ihren Scheibchen sitzengeblieben.

Gesprächig sind Sie nicht gerade! Sie lassen die anderen reden, wie?, geben sich keine Blöße! Sie schweigen viel bei Sitzungen im Stadtverkehrsbüro, aber wenn Sie einmal den Mund aufmachen, dann treffen Sie den Punkt, so las ich in dem Dossier.

Ich werde diesen Raum, das Livia-Concetti-Zimmer, das Zimmer, in dem meine Lieblingssängerin jeden Sommer logiert hat, wieder in seinen ursprünglichen Zustand versetzen lassen. Mein Bruder hat keinen Geschmack, vielleicht hat ihm das auf den Bürgermeisterstuhl geholfen. Jeder Kleinbürger ist davon überzeugt, guten *Geschmack* zu besitzen, aber alles, was er tut, beweist das Gegenteil. Wenn Sie bedenken, was österreichische Bürgermeister von Städten und Landgemeinden in den letzten siebzig, achtzig Jahren im Namen des Fortschritts angerichtet haben! Der Konsument wählt immer den Bürgermeister, der ihm am ähnlichsten ist, der am meisten verspricht, der am meisten *Konsum* verspricht, Neugebauer. Derjenige, der den Konsumenten in seiner Trivialität bestätigt, hat ihn in der Tasche – das ist meine Maxime geworden, mein Lieber!

Als ich jung war, hat mich der Zustand der Welt überaus bedrückt; sobald ich eingesehen habe, es ist nicht zu ändern, habe ich die Konsequenz daraus gezogen und mich an der Verwertung der Überreste beteiligt. Der Konsument, Neugebauer, hat niemals eine Kultur geschaffen, bestenfalls schmückt er sich mit deren Fransen. Der Kleinbürger hat der Kultur, mit der er nie etwas zu tun gehabt hat, den Tritt versetzt, und meine Devise ist es seit Jahrzehnten, dem Konsumenten zu geben, wonach er verlangt, und meinen Vorteil daraus zu ziehen. Bis zur ersten Milliarde, wissen Sie, dauert es beinahe eine Ewigkeit; doch dann reißt das Tempo Sie mit...

Die Industrie – sie, und nicht mehr der Klerus – hält mit ihren Supermärkten, Autodroms und Fernsehprogrammen die Massen in Schach – und danken wir Gott, daß sie in Schach gehalten werden –, unsere Industrien sind stets in einer zwiespältigen Lage gewesen: Unmerklich langsam vernichten sie den Lebensraum des Konsumenten, und damit früher oder später auch ihn selbst. Andererseits, wenn zuviele Konsumenten vergiftet, verkrebst, von Maschinen zermalmt worden sind, reduziert sich der Absatz der Produkte. Außerdem müssen riesige Summen geopfert werden, um die totale Vernichtung zu verschleiern, hinauszuzögern...

Bleiben Sie, lassen Sie es klopfen! Lassen Sie

die Tür verschlossen! Keine Interviews vor der Bekanntgabe des vorläufigen Endergebnisses, seien Sie so gut!

Ich werde den Auftrag erteilen, dieses Zimmer wiederherstellen zu lassen. Das Badezimmer war größer als ein heute übliches Hotelzimmer…

Unser Vater hätte dem Umbau, der Modernisierung niemals zugestimmt. Lieber fünfzig Gäste im Haus, die tausend Schilling zahlen, als hundert, die fünfhundert zahlen, hätte er gesagt. Ich seh' ihn vor mir, wie er, nie ohne seinen schwarzen Lodenhut mit der grünen Kordel, in der Halle gestanden ist und fassungslos beobachtet hat, was sich da bei den Gästeankünften hereingedrängt hat, alle diese Gespenster in bunten Trainingsanzügen, Shorts und T-shirts, als Gepäck höchstens eine schmutzige Reisetasche, die Frauen sogar ohne ihr Kosmetikköfferchen – damals eins der Wahrzeichen der amerikanischen Kultur. Als das *vulgäre Pack* – so unser Vater –, das da aus den Zubringerbussen quoll, ihn auch noch filmte, wenn er seine *Virginia* anzündete und – während Rufe wie „keep smiling!" oder „friendly please!" zu hören waren – mit versteinerter Miene mit der rechten Hand wachelte, als wolle er ein paar Sandler vertreiben, hat Carl-Eberhard ihn hinaus aus der Halle, hinein in die Kanzlei geschoben.

„Der Alte ist schlecht fürs Geschäft!", pflegte mein Bruder zu sagen.

Früher war der Vater, wenn das Geschäft es erlaubte, jeden Vormittag zum Frühschoppen in den *Mohren* gegangen; doch die Judengasse hatte so rapide ihr Aussehen verändert, daß er gar nicht mehr über den Steg hinüberging auf die andere Salzachseite. Ihn störten die immer wieder neu eröffneten Läden mit den *geschwollen, fremdländisch klingenden Namen,* die da, wie er sich ausdrückte, ihren Ramsch feilboten, die *weithin stinkenden* Pizzerias und Eisdielen, und alles Gutzureden meines Bruders, man könne doch nicht gegen den Fortschritt sein, nutzte nichts ...

Schieben Sie mich weg vom Fenster, der Anblick der Salzach stimmt mich sentimental.

Es hat sich gezeigt, daß der eingeschlagene Weg – aufs Massenpublikum zu setzen –, richtig war. Den *anspruchsvollen Gast* hatte man ohnehin längst verloren. Der Konsument will gar keine unverwechselbare alte Stadt, die das Gemüt einiger weniger eingestimmter Besucher zum Klingen bringen mochte, der Konsument sucht das Rudel, das ihm Vertraute, Einkaufsgassen, wo er in den Auslagen (den gleichen, die er auch zu Hause in Nagasaki oder Bergamo hat) die Preise der Kameras von den Preisschildern ablesen und mit seinem elektronischen Währungsumrechner ausrechnen und womöglich noch filmen kann; er will sich vor allem amüsieren, mindestens sein gewohntes Leben für eine Weile vergessen. Wenn ein wohlausgerüsteter Tourist in eine Stadt, in einen Zielort hineinschaut, sucht er nicht das mittelalterliche Ensemble, Neugebauer!

Es hat zu meiner Zeit einige Aussichtspunkte auf dem Mönchsberg gegeben, die ich für mich entdeckt hatte, von wo aus die Schönheit der Stadt zu erkennen war, die grünoxydierte Kuppel von St. Peter, die streng gegliederte Fassade des Domes, das violett glitzernde Dach der Franziskanerkirche, einzelne Ausschnitte, dem Touristen unerreichbar. Es mag gar nicht auszuschließen sein, daß der eine und andere unter Hunderttausenden trotz des Motorengedröhns, trotz des würzigen Smogs gespürt hat, an welchem Ort er sich befand, innehielt in seinem Rudel und weitergeschoben wurde.

In den Jahren vor der Ankunft der Chinesen wirkten die Unzulänglichkeiten der Stadt sich immer stärker aus: Die Aufnahmekapazität für Autobusse, für Stadtführungen und Rundgänge war allzu begrenzt, die Durchschleusung der Touristengruppen stockte, auch gab es zu wenige Bedürfnisanstalten; in den finstern Winkeln der Kirchen standen knöcheltief die Urinpfützen.

Die großen Reiseveranstalter sind ausgewichen; rückläufige Zahlen waren die Folge und Rufe aus den Reihen der Einheimischen, doch vermehrt auf die Industrie, auf *High Tech* zu setzen, worauf tatsächlich sehr schnell die ganze Stadt, die sich gleichzeitig Kurstadt nannte, von Fabriken umgeben war, Industriebetrieben oft aus dem Ausland, mit vielen Millionen subventioniert und mit Jubelschreien der Politiker begrüßt; manche von ihnen machten leider bald wieder bankrott, und viele Milliarden mußten ausgegeben werden, um die von diesen seinerzeit als umweltfreundlich bezeichneten Firmen und Betrieben verursachten Schäden zu mildern, so hat mir meine Nichte erzählt.

Damals drängte mein Bruder nach dem Bürgermeistersessel; seine Trumpfkarte war die Anfrage des staatlichen Chinesischen Verkehrsbüros. Die Chinesen hatten ihre Anfrage auch

an andere europäische Städte, denen noch ein Rest von Glanz anhaftete, gerichtet. Die Mitglieder der Hotelier-Vereinigung lehnten das lächerliche Angebot der Chinesen ab: lieber würden sie ihre Häuser leerstehen lassen. Carl-Eberhard, der Obmann, wies darauf hin, daß eine Hotelunterkunft ohnehin nicht in Frage käme, die Betten reichten höchstens für die chinesischen Reisebetreuer und politischen Funktionäre; er schlug den Bau von einfachen Barackenunterkünften auf den Feldern hinter dem Flughafen vor. Die chinesischen Gäste, meist der Landbevölkerung entstammend, ihrem Alter zwischen 65 und 85 Jahren entsprechend schwerhörig, seien mit 20-Bettzimmern einverstanden. Der Vorteil dabei sei nicht zuletzt, daß der Transfer in die Stadt, in Hunderte von Unterkünften, entfalle; zu den Stadtbesichtigungen könne man dann die Besucher kontingentieren, mit Lotsen versehen, die auf den genauen Zeitablauf der Durchschleusungen achteten.
Um den Einheimischen das Überleben zu ermöglichen – Gänge zu den Krankenhäusern, Kaufhallen, Autodrom-Anlagen und Video-Leihanstalten –, wurden in den Gassen und Straßen Gehspuren aufgemalt und mit chinesischen Schriftzeichen gekennzeichnet; leider beachteten die oft sehgestörten chinesischen Gäste diese Farbstreifen nicht, sie hätten sich auch gar nicht daran halten können, bedenken Sie den Strom, der in den Gassen alles mitriß – es hieß,

man erblicke kaum noch ein einheimisches Gesicht in dem Gewurle der hunderttausend Leiber –, dieser Strom entwickelte eine Eigendynamik und konnte von niemandem mehr gelenkt oder gebremst werden, bis eine natürliche Erschöpfung eintrat, eine Ermüdung, hervorgerufen durch den Umstand, daß wegen des stetigen Auslagenschauens keiner der im Gewimmel Gehenden, Stehenden seinen eigenen Bewegungsrhythmus hatte finden können. Sobald die chinesischen Gäste in vermehrter Anzahl zusammenknickten oder auf der Stelle tretend mit Armen und Beinen schlenkerten, waren die Lotsen nach und nach wieder Herr der Lage geworden. Sie sollten das nachlesen! Vielleicht gewinnen Sie Erkenntnisse, die Sie bei der Betreuung der Gäste aus Afrika verwerten können, my dear friend!

Ich bin nicht dabeigewesen, aber ich denke, die Informationen, die ich erhalten habe, stimmen. Wer sonst hätte die alten Gebäude abtragen sollen? Es scheint unglaublich, aber nehmen Sie sechshunderttausend chinesische Gäste: Wenn jeder einen faustgroßen Stein oder Mauerbrocken als Souvenir mit nach China genommen hat, dann dürfte vom alten Kern dieser Stadt tatsächlich nicht mehr viel übrig geblieben sein. Es wurde festgestellt, daß die Auto- und Omnibusabgase von fünfzig und mehr Jahren das zum Teil tausendjährige Gemäuer gelockert und zerbröselt hatten.

In Ravenna, einer früher gerne besuchten Stadt in Norditalien, verschwanden vor zwanzig Jahren Mosaikdarstellungen innerhalb von wenigen Minuten. Man sprach von einer der größten Kunsträubereien der Gegenwart, bis sich herausstellte, was geschehen war: Einer der Touristen aus Bulgarien hatte begonnen, ein Mosaiksteinchen aus der Wand zu lösen, worauf – wie immer in solchen Fällen – die Nachfolgenden, ein paar tausend Bulgaren und Angehörige von anderen Nationen, es ihm nachmachten. Reuevoll schickten später, als sie in der Zeitung lasen, was sie angerichtet hatten, viele Besucher ihre Steinchen nach Ravenna zurück; allein, um die berühmten zweitausend Jahre alten Mosaiken war es geschehen.

Wer hätte die Chinesen daran hindern sollen, sich ein Andenken an eine der – wie ihnen gesagt worden war – schönsten Städte der Welt mitzunehmen?

Die Ausgehzeit für die einheimischen Konsumenten war auf eine Stunde am Morgen, ehe die Chinesen aus dem Barackenlager hertransportiert wurden, und eine Stunde am späten Nachmittag sowie am Abend beschränkt; es war dies die einzige Möglichkeit, einen für beide Teile halbwegs reibungslosen Ablauf des für diese Stadt so wichtigen Unternehmens zu gewährleisten.

Eine gute Frage, mein Lieber! Wer anders als Banken, Versicherungsanstalten, Großkonzerne hätte die Restaurierung, den Wiederaufbau, die Reparatur der Gebäude vornehmen, vor allem: finanzieren sollen? Jedermann verstand, daß nach der Fertigstellung die Kirchen, Paläste, Brunnen, Denkmäler einer anderen, zeitgemäßen Nutzung zugeführt wurden; es sind jedoch an allen diesen meist von Grund auf neu errichteten Gebäuden und Denkmälern Marmortafeln angebracht worden, welche auf die frühere Bedeutung hinweisen, und die jetzt noch kommenden Touristen filmten nun diese Marmortafeln mit der kurzgefaßten Geschichte der verschwundenen Sehenswürdigkeit und kauften dann – soweit sie noch Reisegeld in ihren Börsen hatten – in dem betreffenden Gebäude ein Amadeus-T-shirt, einen bemalten Bierkrug oder einen Sack mit pommes-frites.

In welchem Jahr sind Sie geboren?

Großartig! Gratuliere!

In jenem Jahr war sogar die Festspielrede abgestimmt auf das Jubiläum der Französischen Revolution. Was halten Sie von der Französischen Revolution, von der Devise „Freiheit, Gleichheit, Brüderlichkeit", mit der schon die frühen Christen ihre Anhänger überfordert hatten?

Für die Freiheit seien die Tankstellen zuständig, für die Gleichheit das Fernsehen, haben Zyniker bemerkt, und was die Erklärung der *Menschenrechte* betreffe, sei zu sagen, der Kleinbürger habe sich in seinem Größenwahn nicht darum geschert, daß er nicht allein auf dieser Erde lebe... Die Feudalherren und Großbürger wären nicht imstande gewesen, die ganze Welt zu zerstören, das schaffte erst die Masse der Konsumenten, indem sie – im Auto und im Flugzeug anstatt in der Karosse – Adel und Bürgertum nachahmte und damit den Lebensraum verfinsterte und erstickte...

Was meinen Sie, Neugebauer, wären sie, Rousseau, Voltaire, Diderot, deren Gedanken das Heil der Konsumenten mit begründeten, mit uns zufrieden?

Hat sich die *Aufklärung* als Ausgleich, als Vermittlung zwischen der Unterdrückung der Despoten und den Bedürfnissen der proletarischen, der kleinbürgerlichen Massen verstanden, so ist die Staatsgewalt nun tatsächlich seit langem in den Händen der Konsumenten und ihrer Protagonisten, der Konsumproduzenten und Konsumverteiler, und das sind wir!

Jenes Jahr, Neugebauer, war das für mein ganzes Leben entscheidende! Ich erinnere mich genau: es war der Tag der Festspieleröffnung, wir hatten im *Goldenen Biber* die Ankunft von Japanern und Italienern, und ich fuhr am Vormittag zum Hauptbahnhof, um ein älteres Ehepaar aus den Vereinigten Staaten abzuholen; der Mann ein bekannter Biochemiker, der 1933 vor den Nationalsozialisten nach England, später in die USA flüchtete. Die Fahrt in unserem Hotel-Kleinbus dauerte normalerweise zehn Minuten; an jenem 27. Juli jedoch – dieses Datum werde ich nie vergessen! – brauchte ich mehr als eine Stunde, und die Gäste saßen, da sie auch kein Taxi hatten finden können, irritiert in der Bahnhofs-Restauration. Die Rückfahrt zum *Goldenen Biber* dauerte anderthalb Stunden, und ich wunderte mich, daß sich der Stau überhaupt wieder auflöste. Zu Mittag hörte ich das lokale Radioprogramm, in dem Reporter einheimische Passanten zu den üblichen Verkehrs-Stauungen und sonstigen Behinderungen befragten. Ein Salzburger, ich habe die rauchige, aufgeregte Stimme noch nach dreißig Jahren im Ohr, rief: „Wem das nicht gefällt, der muß auswandern oder sterben!" In diesem Moment hatte ich eine Erleuchtung, ich sah mein ferneres Leben, meine Profession klar vorgezeichnet, ließ in der Rezeption alles liegen und stehen, fuhr mit dem Lift hinauf in meine Kammer und setzte mich an das kleine Fenster. Drunten in der Schwarzstraße schlängelten sich die Radfahrer durch die stehenden, qualmenden Autokolonnen; der Wochenendverkehr der einheimischen Konsumenten ins Grüne hatte begonnen: auf den Dächern der Autos und Wohnmobile Surfbretter, Skier, Paragleiter; auf den Anhängern Moto-Cross-Maschinen und Segelboote; manche hatten ihre Reitpferde in hohen Containern an ihre Wagen angehängt. Auf dem Nachtkästchen hatte ich den science-fiction-Roman eines Engländers liegen, *1984*. Ich ließ ihn in den Papierkorb fallen. Lächerlich, nicht wahr! Eine Lieblingsvorstellung des Kleinbürgers, so schien mir damals, sei der Mythos einer anonymen bedrohlichen Obrigkeit, Neugebauer, wahrscheinlich eine alte religiöse Vorstellung, während er doch seit zweihundert Jahren darauf besteht, ein selbstverantwortliches Individuum und seine eigene Obrigkeit zu sein.

Genial!, dachte ich, dieser Unbekannte hatte meinen Geist erleuchtet, mir Einblick in das menschliche Bewußtsein verschafft, in das Bewußtsein des Konsumenten! Sterben wollte ich damals eigentlich noch nicht, also machte ich mich mit dem Gedanken der Auswanderung vertraut. Einem Teil meiner Vorfahren – Protestanten – war vor ein paar hundert Jahren schon einmal das Auswandern nicht nur empfohlen worden...

Seien Sie so freundlich, schalten Sie den Fernseher ein, vielleicht gibt es Neuigkeiten, neue Hochrechnungen...

Wären Sie fähig, auszuwandern? Was sagen Sie, wenn ich Ihnen eine gut dotierte Position in Phoenix, Rom oder Singapur anbiete? Könnten Sie sich vorstellen, trauen Sie sich zu, einem neuen Suppenwürfel zum Durchbruch zu verhelfen? Keine Angst, ich brauche Sie hier, was nicht heißen soll, daß wir den Suppenwürfel aus dem Auge verlieren wollen. Lassen Sie sich etwas einfallen. Mir läge an einer Renaissance des Namens *Mozart;* vor allem aber bereitet mir der Suppenwürfel Sorge! Ein Heer von creativen

Mitarbeitern, aber nicht eine zündende Idee! Nicht einmal der Computer hat eine Lösung oder wenigstens einen verführerischen Markennamen für das Produkt gefunden. Ich habe eine ganze Menge investiert, und nun sagen die neuesten Konsumentenbefragungen – der Würfel soll im Herbst weltweit auf den Markt geworfen werden –, daß die Verbraucher mit den bereits im Handel befindlichen Suppenwürfeln vollauf zufrieden sind. Ich habe eine Prämie ausgesetzt, eine Million für ein erfolgreiches Konzept!

Ach! Ich hätte gedacht, das Ergebnis wäre jetzt, drei Stunden vor Schließung der Wahllokale, bereits deutlicher! 58 zu 42. Wir werden noch ein paar Stunden nicht zittern, aber doch warten müssen, ehe wir uns völlig sicher fühlen können.

Lassen Sie das Telefon klingeln, ich erwarte keinen Anruf. Lassen Sie's läuten!

Rücken Sie Ihren Stuhl näher zu mir! Das geht vorüber, denken Sie sich nichts dabei. Sie können sich vielleicht schwer vorstellen, daß ich in Ihrem Alter ein schlanker Jüngling gewesen bin...

Natürlich werden Sie mich vertreten! Sie müssen sich daran gewöhnen, daß Sie jetzt kein Beamter mehr sind; denken Sie daran, wen und was Sie hinter sich haben.

Treten Sie vor die Fernsehreporter und stellen Sie sich vor, es seien – und so ist es ja auch – Ihre Untergebenen; es hängt alles von Ihrem Auftreten ab!

Wenn meine Unpäßlichkeit morgen nicht überstanden ist, müssen Sie, mein Lieber, gleich vormittag zu meinem Bruder dem Bürgermeister gehen und die Verhandlungen eröffnen. Lassen wir Carl-Eberhard heute abend seine Niederlage verarbeiten, das genügt, er würde uns sonst am Ende zusammenbrechen, zwei Herzinfarkte hat er hinter sich; wir brauchen meinen Bruder noch, gehen Sie schonend vor! Ich werde dann morgen etwas in Bewegung setzen. Die Architekten und Baumeister warten auf mein Wort. Ich werde Ihnen eine Nummer und ein Codewort geben. Sie setzen den Apparat in Betrieb, und wenn sich *happyworld* meldet, geben Sie bloß das Wort *GO* durch.

Vor zwei Jahren, vor meiner Operation – ein Gehirntumor –, hatte ich schon befürchtet, mein Lebenswerk nicht vollenden, mir meinen einzigen Wunsch nicht erfüllen zu können: die letzten Jahre meines Lebens in Salzburg zu verbringen, in meinem Haus am Kranzlmarkt, das früher einmal meiner Großmutter gehört hat, in dem Zimmer mit dem Blick auf den Alten Markt. Vor zwölf Jahren, nach der Ankunft der Chinesen, als die Immobilienpreise rapide verfielen, habe ich angefangen, Bürgerhäuser der Altstadt, vor allem das gesamte Ensemble rund um den Alten Markt aufkaufen zu lassen.

Für Geld, wenn Sie nur genügend bieten, ist auf dieser Welt, wie Sie wissen, alles zu haben.

Nur noch dieses eine Projekt, dann ziehe ich

mich zurück, bis dahin wird die Altstadt anhand alter Stiche und Gemälde wiederhergestellt; vielleicht lasse ich auch die antiken Stadttore wieder aufrichten, und dann spaziert mir niemand unerlaubt über den Alten Markt. Es ist bereits alles in die Wege geleitet; nehmen Sie den Zettel, Neugebauer, und geben Sie morgen das Kommando!

Der Schimpanse ist kein sehr anspruchsvoller Gast, er will sich, und unterscheidet sich darin gar nicht von den übrigen Konsumenten, amüsieren, will etwas für seine Bildung tun. Wir können hier bereits Erfahrungen verwerten, welche touristische Einrichtungen in Tansania, Südafrika und in Florida mit den afrikanischen Gästen gemacht haben. Das Gastgewerbe, die einheimische Bevölkerung wird durch Merkblätter und eine Aufklärungsserie im Lokalfernsehen entsprechend informiert und präpariert werden.

Der *Pan dicens* ist, wie Sie vielleicht wissen, kein wildlebender Schimpanse, er steht nunmehr in der zweiten Generation im Berufsleben, ist ausgebildet worden in der Fertigung von elektronischen Chips in Japan; in Südafrika und Tansania wird er, wie Sie wissen, herangezogen zum Ziehen und Schieben von Automobilen, und wie Sie gehört haben werden, fordern nun seit Jahren die Konsumenten überall in der zivilisierten Welt Kontingente von Pani-Gastarbeitern. Obwohl die Entmotorisierung – welche ohne die Invasionen der verspätet Vollmotorisierten aus den östlichen Nachbarländern keine Mehrheit in der Konsumentenschaft gefunden hätte – in den zivilisierten Ländern bereits vor fünfzehn Jahren eingeleitet worden ist, obwohl Autodrom-Anlagen in ausreichender Zahl vorhanden sind, spukt in vielen Konsumentenköpfen noch der Traum von der freien

Fahrt für den freien Konsumenten, und Garagenbesitzer, denen nach Ausbau der Motoren gestattet worden war, ihre Wagen zu behalten, fordern nun die Wiederaufnahme des Individualverkehrs, des umweltfreundlichen Fahrens mit Hilfe von Panikraft. Mehrere Verfahren wegen Wiederbetätigung sollen ja heute noch im Gange sein und Rechtshändel gegen Konsumenten, die sich selbst verstümmelten, um wenigstens im Rollstuhl fahren zu können. Die Spraybehälter mit Tankstellenluft für die Konsumentenwohnungen – daran hatten sie sich gewöhnt, darauf mochten sie nicht mehr verzichten – fanden reißenden Absatz.

Ich erinnere mich, daß seinerzeit der Besitzer einer Supermarkt-Kette auf die Idee gekommen war, die Einkaufswägelchen mit einem kleinen Motor und einem Sattel zu versehen; es war ihm ganz egal, er hatte einkalkuliert, daß die Konsumenten damit nach Liquidierung des Kassenbons aus dem Supermarkt hinaus und auf die Straße fuhren und die Wagen meist nicht mehr zurückbrachten; der Gemeinderat verbot solche Fahrzeuge, denn sämtliche anderen Geschäfte hätten sich, um weiterexistieren zu können, solche Einkaufswagen beschaffen müssen.

Die Körperkraft der Pani entspricht nicht jener der wildlebenden Schimpansen, übertrifft aber die eines Menschen um ein Mehrfaches. Das Problem ist, Sie werden darüber gelesen haben, daß viele der Pani in kürzester Zeit all ihr verdientes Geld mit Autodrom-Fahrten ausgeben, oder in afrikanischen Ländern sich von ihren Panischen Brüdern in Autos ziehen und schieben lassen, wobei sie sogar das Fressen vernachlässigen sollen.

Der *Pan dicens* ist von verschiedenen Gruppen von Wissenschaftlern von klein an aufgezogen und in uga-uga, einer kombinierten Laut- und Zeichensprache, unterrichtet worden. Schon bald hat man festgestellt, daß diese meist in Wohnwagen mit ihren Zieheltern, den Wissenschaftlern, zusammenlebenden Schimpansenjungen sich auch untereinander in uga-uga verständigten. Die Welt nahm von diesen Versuchen wenig oder keine Notiz; bis dahin galt, daß die Grenzlinie, die das abendländische Denken zwischen Mensch und Tier gezogen hatte, durch die, wie die Wissenschaft glaubte, nur dem Menschen eigene Fähigkeit zu sprechen, sich mittels Sprache verständigen zu können, genügend abgesichert war.

Sie müssen das nicht mitschreiben. Das aktive Gehirnvolumen des *Pan dicens* unterscheidet sich nicht wesentlich von dem der menschlichen Konsumenten, er ist imstande, schwierige Aufgaben durch Nachdenken zu lösen. Während die Menschen in Südafrika und Tansania keine Schwierigkeiten hatten, uga-uga zu erlernen, traten in Palm-Beach und Miami Probleme auf, die Kommunikation zwischen Mensch und Pani verlief dort noch nicht zufriedenstellend. Es werden hier in Salzburg Kurse in uga-uga eingerichtet werden, verbunden mit Gutscheinen fürs Autodrom und Pokalen für die Besten.

Interessant ist die strenge soziale Hierarchie der Pani; auch haben sie ein starkes Selbstbewußtsein entwickelt und nennen wildlebende Schimpansen, wenn sie mit ihnen in zoologischen Gärten oder andernorts zusammentreffen, *dreckige Affen* oder *vulgäres Gesindel.*

Die Aufklärungsarbeit, Neugebauer, muß damit beginnen, den Einheimischen die Vorurteile, die durch die Kampagne meines Bruders noch verstärkt wurden, auszutreiben. Der einheimische Konsument muß wissen, mit wem er es in den nächsten zwei Jahren zu tun haben wird.

Während der Allerweltstourist sich nicht einmal durch einen Diebstahl seines Gepäcks, durch Rempeleien oder Prügeleien, durch Bombendrohungen im Hotel in seinem Touristenlos irre machen läßt, reagiert der viel sensiblere *Pani* sehr empfindlich auf Unfreundlichkeit und Mißachtung, und es könnte durchaus einmal vorkommen, daß ein Schimpanse einen provokanten Hiesigen in den Schwitzkasten nimmt, ihn gegen die Wand einer Kaufhalle schleudert oder ihm mit seiner Video-Kamera eine auf den Schädel haut. Die im Dienste Ihres Stadtverkehrsbüros stehenden einheimischen Berufstätigen, die in den nachgemachten alten Trachten auf den von ausländischen Konsumenten frequentierten Straßen und Plätzen schlendern, haben Schauspiel-Unterricht erhalten in den Fächern: Wie gehe und stehe ich ungezwungen, wie unterhalte ich mich mit meinem Partner lebensecht, wie gestalte ich für den ausländischen Videokonsumenten ein überzeugendes Genrebild. Dieser Unterricht muß nun auf entsprechende Verhaltensweisen gegenüber dem *Pan dicens* erweitert werden.

Die genetische Ausstattung des Schimpansen, Neugebauer, entspricht zu 98% der des Menschen. Dies läßt uns hoffen, daß unsere Charterflüge und Aufenthalte halbwegs zivilisiert und reibungslos ablaufen werden. Der Pani fährt zwar, und das leidenschaftlich gerne, Auto, in der afrikanischen Savanne, auf eigens gebauten Rundkursen – ob er allerdings je fähig sein wird, eine Verkehrsmaschine zu steuern, ist eine Frage, die spätere Generationen zu beantworten haben werden. Jedoch überlegen wir, die übrige Crew der Chartermaschinen mit Pani-Damen und Herren zu besetzen.

Mit dem Kommandowort, das Sie morgen eingeben, werden auch alle Schritte für den baldigen Spatenstich zur Errichtung einer zusätzlichen Autodrom-Anlage bei Gartenau vorbereitet; diese Anlage wird später einmal dem einheimischen Konsumenten zur Verfügung stehen; die sieben städtischen Anlagen sind, wie ich mir habe sagen lassen, zu jeder Tages- und Nachtzeit überfüllt. Diese neue Autodrom-Anlage, in der auch Pani-Rennen veranstaltet, Unfälle simuliert und gefilmt werden können, war eine der Hauptattraktionen unseres Angebotes, mit dem wir alle mitbietenden Städte aus dem Rennen geschlagen haben.

Über einen Punkt sind wir uns noch nicht klar, er betrifft die Einkaufsmöglichkeiten für den Pani: Soll man ihn sein Kamerazubehör, seine Quickfoodmahlzeiten, seine Videokassetten und T-shirts in den Supermärkten der hiesigen Konsumenten kaufen lassen, oder müssen wir eigene Geschäfte, zu denen dann nur die Panischen Verbraucher Zugang haben, errichten? Erfahrungen in Florida haben gezeigt, daß der einheimische Konsument manchmal gereizt reagiert, wenn der ausländische Tourist – und nun gar ein *Halbaffe* – so die Diktion meines Herrn Bruders –, ihm Hamburger in Cellophan und Cola vor der Nase wegschnappt, und er noch dazu lange an den automatischen Kassen stehen muß, weil der Pani seine Kreditkarte nicht so gewandt wie der einheimische Konsument sofort in der richtigen Art und Weise durch den Schlitz schiebt. Der Schimpanse verdient die gleiche Achtung wie der Konsument aus den USA oder aus China! Wir müssen uns immer vor Augen halten, daß der kulturelle Abstand zu uns – bedenkt man die ungeheuren Zeiträume der Erd- und Menschheitsgeschichte – lächerlich gering ist. Der Pani vermag Piktogramme zu lesen, erfreut sich an amerikanischen Fernsehserien, an Popmusik und Beethoven – es gilt als wissenschaftlich gesichert, daß er beim Anhören von Sinfonien und Opern, beim Betrachten eines Videoclip oder einer Druckgraphik von Andy Warhol ein ästhetisches Vergnügen empfindet.

Was, mein Freund, hat die Ethik-Kommission gegen die Schimpansen einzuwenden? Man befürchtet, so höre ich, vor allem, daß die Präsenz der Pani die Gäste von *gehobenem Niveau* – was immer das bedeuten soll, man meint doch immer bloß die Anzahl der Kreditkarten – davon abhielte, in diese unsere Stadt zu reisen. Es ist richtig, daß die meisten Pani bloß eine einzige Kreditkarte besitzen, wir wissen aber auch, daß sie diese vor der Abreise bis zur absoluten Überziehgrenze ausschöpft. Eines der noch ungelösten Probleme der Pani-Charter ist daher das des Übergepäcks bei den Rückflügen; einige Maschinen sind aus diesem Grunde in den letzten Jahren abgestürzt.

Der Pani soll übel riechen und ein ungepflegtes, abstoßendes Äußeres, ein entblößtes Hinterteil zur Schau tragen? So reden Beamte und Kulturfunktionäre, die einen *Pan dicens* wahrscheinlich noch nicht einmal aus der Nähe gesehen, niemals die Toilettenanlagen eines Touristenzentrums aufgesucht, sich noch nie durch die Menschenleiber in der Getreidegasse gedrängt haben.

Dem Schimpansen schließlich soll der Eintritt in das Festspielhaus verwehrt bleiben, so fordern einige Präsidiumsmitglieder; die übrigen Festspielbesucher würden sonst die Opern- und Konzertaufführungen meiden. Als hätten nicht auch diese während der Aufführungen ständig gehustet und gegrunzt, als hätten nicht auch sie an den unpassendsten Stellen eines Konzerts geklatscht oder gar nicht bemerkt, daß der berühmte Solist wegen Erkrankung durch einen unbekannten Künstler ersetzt worden war...

Schreiben Sie: Wir garantieren, die *Neunte Sinfonie* und der *Rosenkavalier* und *Carmen* werden wie bisher ausverkauft sein, und die Umsätze auf den Videoverkaufstischen im Foyer werden sich wahrscheinlich verdoppeln.

Nein, Neugebauer, den Vorwurf einer Rassendiskriminierung wollen wir nicht erheben; dies würde bloß neue Diskussionen auslösen und vom Wesentlichen ablenken.

Mehr als ein halbes Jahr lang habe ich in meinem Heim am Central Park eine Pani-Dame untergebracht gehabt. Ich bin oft wochenlang abwesend von zu Hause. Lucy, so hat das fast geschlechtsreife Weibchen geheißen, kommunizierte nur mit mir, das Bedienungspersonal war für sie Luft. Sie vereinsamte, wurde aggressiv, ignorierte sogar mich, wenn ich von einer Geschäftsreise zurückkehrte.

Schließlich gab ich sie an das wissenschaftliche Institut in Oregon zurück, wo ich sie kennengelernt hatte, wo eine Nichte meiner zweiten Frau, eine Kommunikationsforscherin, tätig war. Können Sie sich vorstellen, daß Lucy sich *mich* erwählt hat? Als ich mit Nancy, meiner dritten Frau, in Fort Allen meine Lieblingsnichte Hazel besuchte und mit ihr an dem Drahtzaun entlangspazierte, der den Spielpark der Pani vom Areal der Betreuer und Besucher trennt, kam Lucy auf uns zu und gestikulierte heftig, grunzte, bewegte graziös ihre Hände.

„Wie süß!" hat Nancy gerufen, und Hazel, welche Lucy vom Babyalter an betreut und unterrichtet hatte, übersetzte die Laute, die Gesten: Wer ich sei, habe Lucy gefragt, und gleich darauf den Wunsch geäußert, mich zu umarmen, von mir gekitzelt zu werden.

Ich sage Ihnen, mein Lieber, von üblem Geruch kann keine Rede sein; als ich – Hazel hatte mich in den Park eingelassen – Lucy umarmte, meine Wange an ihrer Brust rieb, roch ich frische Kräuter und Orangensaft; sogar aus dem Mund hat sie besser gerochen als zum Beispiel Nancy. Sie hat sich dann an mich geklammert und wollte zu den Wasserspielen getragen werden. Das, Neugebauer, war der Beginn einer wunderbaren Freundschaft. Ich überlegte, mich von Nancy – deren Eifersucht mich quälte – zu trennen, mich vom Berufsleben teilweise zurückzuziehen, aber die Pläne, die Zukunftspläne! Diese Transaktion noch, jenes Projekt, hab ich gedacht. Auch ein Imperium wie meines wackelt manchmal. Vor allem jedoch hinderten meine Salzburger Pläne mich am Rücktritt.

Lucy reagierte auf das Alleingelassenwerden kaum anders als früher Nancy; oft, wenn ich spätabends aus dem Office nach Hause kam, hatte sie aus Protest auf mein Bett uriniert, sie schaute sich im Fernsehen eine Folge der beliebten Filmserien an und beachtete mich nicht. Was hätte ich tun sollen? Nachts, im Cadillac, wenn mein Chauffeur mich heimfuhr, nach einigen Schlucken Whisky, sausten Einfälle durch mein Hirn, Visionen von einer besseren Welt... Ich sagte mir, alle meine Geschäfte und Transaktionen dienten letztendlich bloß meinem Vorhaben, die Welt zu verbessern... So stellte ich mir vor, Gruppen von Panis mit Einwohnern von Salzburg oder anderen Städten ins Gespräch zu bringen. Was habe ich mir hierbei erhofft? Einen günstigen Einfluß auf die Verbraucher? Mehr Brüderlichkeit? Eine sensiblere, intelligentere Einstellung zur Natur – also zu uns selbst? Die ersten Berichte aus Südafrika und Florida weckten mich aus meinen diesbezüglichen Träumereien. Es scheint eine unausweichliche Entwicklung zu geben vom Proconsul über den Australopithecus und Homo erectus zum Vollmotorisierten, wobei man darüber streiten kann, ob der Höhepunkt des Homo erectus – ich vermeide den Begriff Homo sapiens, Neugebauer, er trifft bloß auf wenige Exemplare zu –, im sechsten Jahrhundert vor oder im vierzehnten nach Christus gewesen ist. Daß auch der Schimpanse, der ja bekanntlich eine andere Entwicklung nahm und vielleicht eine Hoffnung für die künftigen Jahrmillionen gewesen sein könnte, in diese Entwicklungsschiene einmutierte, ist deprimierend!

Sie lächeln und denken, was für ein sentimentaler, geschwätziger alter Mann...

Lucy ist vor acht Jahren bei einem Motorradrennen verunglückt; die Nachricht hat mich damals eher gleichgültig gelassen. Mitleid mit Konsumenten habe ich mir abgewöhnen müssen. Jeden Dienstagmorgen hat man mir früher die Liste der übers Wochenende in ihren Sportflugzeugen, Fallschirmen, Gleitschirmen oder Wasserbikes, beim Extremklettern, Motorradfahren, Gletscherwedeln und so weiter verunglückten oder von ihren Klapperschlangen beim Füttern gebissenen Mitarbeiter von *Happy-world* vorgelegt.

Kommen wir zur Sache! Ein bisher ungelöstes Problem ist das richtige Verhalten der Ansässigen sowie der hiesigen Statisten gegenüber dem filmenden Gast. Der Einheimische ist in früheren Jahren dazu angehalten und geschult worden, wegzutauchen, auszuweichen oder stehenzubleiben, wenn er ins Schußfeld eines ausländischen Konsumenten geriet. Eine Prämie zur Sozialrente entschädigte ihn für den manchmal erheblichen Zeitaufwand bei Einkäufen und Besuchen. Anders die in ihren Trachtenanzügen unauffällig promenierenden Statisten, die eine Sensibilität entwickelt hatten, es zu spüren, ob ihre Anwesenheit auf einem Filmschwenk über den Mozartplatz erwünscht war oder nicht.

Der Schimpanse empfindet es allenfalls als diskriminierend, wenn der Einheimische ihm ausweicht, späht er selber gerade durch die Sucherlinse; sein ästhetischer Verstand ist noch nicht in der Weise ausgebildet wie bei den übrigen Touristen, er legt wenig Wert auf eine künstlerische Komposition des Bildes, ihm ist es schlechterdings egal, was auf der Fotografie, auf dem entwickelten Film sich befindet; ihn stört es nicht, wenn ein Einheimischer ihm das Motiv einer Supermarkt-Auslage verstellt.

Nicht nur der Statist muß für die Ankünfte der Schimpansen zusätzlich geschult werden, auch jeder Konsument, der sich auf die Straße begibt, muß wissen, wie er sich zu verhalten hat, wenn er einem Pani begegnet. Wie wir erfahren haben, können wir nicht damit rechnen, daß Schimpanse und Ortsansässiger sich an die jeweiligen Ausgehzeiten halten. Wir dürfen uns nicht darauf verlassen, daß die manchmal im Trubel der überbevölkerten Straßen ausbrechenden zähnebleckenden menschlichen Rückfälle in eine tierische Vergangenheit kompensiert werden könnten durch die da und dort beobachtete Engelhaftigkeit der Schimpansen; käme es zu Prügeleien, zu Schlachten, wären die mit Kameras und Radios und Fernsehgeräten bewaffneten Gäste im Vorteil, und es entstünde womöglich eine für unsere Absichten nicht günstige Situation. Eine Saison lang wenigstens müssen die Pani-Charterketten durchgezogen werden, Neugebauer!

Sie nicken immer bloß! Wie wäre es, wenn einmal ein Vorschlag käme von Ihrer Seite? Sie haben doch mitgearbeitet an dem Lotsensystem, das bei den von meinem Bruder erhofften Ankünften der indischen Blinden sowie den Rentner-Chartergruppen aus Leningrad hätte eingesetzt werden sollen.

Das System, mit dessen Hilfe wir in *Happy-World* I bis IV achtzigtausend Konsumenten und mehr pro Stunde durchschleusen konnten, darunter auch schon Gruppen von Schimpansen, die von ihren Dienstgebern in Japan und Afrika für besondere Leistungen eine Excursion in eines unserer *Happy-World-Zentren* gespendet erhielten, kann hier in den immer noch mittelalterlichen Gassen nicht angewendet werden. Wir könnten selbstverständlich mit unseren Gruppen aus der ehemaligen Altstadt heraus, könnten Stadtführungen durch die Ignaz-Harrerstraße, die Sterneckstraße oder die Alpenstraße veranstalten. Es mangelte dort nicht an Sehenswürdigkeiten, Kaufhäusern, Geschäftsauslagen.

Wie wir vermuten, würden die Anrainer dieser Stadtteile protestieren: sie befürchteten eine verminderte Lebensqualität; vor allem waren sie bis jetzt nicht vom Ausgehverbot betroffen; nur einzelne Touristen haben sich in diese Stadtbezirke der Neustadt verirrt.

Nun kommt es Ihnen zugute, daß Sie bald geschieden sind, Neugebauer; die meisten Frauen mögen Ortsveränderungen nicht. Wer weiß, was für Kämpfe Sie auszufechten gehabt hätten! Sprechen Sie Italienisch? Unser Römisches *Happy-World* wird im Herbst eröffnet, und soviel ich weiß, wird noch ein stellvertretender *art-director* gesucht. Hier in Salzburg nützen Sie mir nichts mehr, sobald Sie Ihren Besuch bei meinem Bruder morgen vormittag erledigt haben. Sie können wählen, wo Sie Ihre Ausbildung absolvieren möchten, in Versailles, Las Vegas, Florenz... Ich empfehle Ihnen Florida: Wegen der starken Konkurrenz von *Disney-World* sind unsere Mitarbeiter dort besonders einsatzfreudig, sie geben mehr als ihr Bestes. Ich will nicht ausschließen, daß später einmal ein Stuhl hier in Salzburg für Sie in Frage kommt; erfahrungsgemäß vollbringen unsere Mitarbeiter ihre größten Leistungen aber fern ihrer Heimat.

Warum sollen Sie es nicht wissen dürfen: Wir errichten in Salzburg, genauer gesagt, neun Kilometer außerhalb der Stadt – den genauen Standort kann ich noch nicht verraten – ein *Happy-World*-Center. Ein von mir Beauftragter hat sich schon vor drei Jahren in der Stadt umgesehen und vom Bürgermeister mit der Begründung, diese Stadt habe eine alte kulturelle Tradition zu verteidigen, eine Abfuhr erhalten. Ich hätte natürlich meinen Bruder ausschmieren lassen können, entschied mich aber für eine phantasievollere Lösung; die ganze Stadt soll auf den Knien vor mir um ein *Happy-World*-Center betteln, sagte ich mir.

Carl-Eberhard hat das schon ganz richtig gesehen: Sobald die Verträge mit dem Schimpansen-Charter abgelaufen sind, werden die Touristengassen veröden. Die Schimpansen kommen kein zweites Mal – höchstens einige Opernfreunde als Einzelreisende –, sie filmen jede Stadt nur einmal, sie wollen schließlich, wie alle Konsumenten, Kunst und Kultur der ganzen Welt studieren. Mag sein, daß die eine oder andere kleine Touristengruppe aus Hinterindien oder Kentucky auf dem Weg von Frankfurt nach Wien oder Budapest hier einen Stop einlegt – das Gerücht von einem früheren Glanz wird noch nicht völlig verstummt sein –, Sie wissen selbst am besten, daß das für eine Stadt, die ihr Überleben in die Hände des Tourismus gelegt hat, nicht genügt. Sobald der Konsument merkt, wie die touristischen Ankünfte sich entwickeln, vielmehr, nicht entwickeln, sondern ausbleiben, wird er die Schimpansen, von denen er immerhin ein Jahr ganz gut gelebt haben wird, verfluchen, ohne zu überlegen, daß die überwältigende Mehrheit von ihnen – vielleicht setzen Sie den Bildschirm wieder in Betrieb – für die Ankünfte der Schimpansen gestimmt hatte. Der Konsument sieht immer bloß seinen unmittelbaren Vorteil, beziehungsweise das, was er dafür hält; dabei hätten die Ankünfte der chinesischen Pensionisten und die darauf folgende jahrelange Flaute ihm eine Lehre sein können. Zum Glück vergißt der Konsument rasch, Neugebauer!

Drehen Sie, wenn Sie möchten, den Ton auf, Sie schielen ja doch dauernd auf den Bildschirm. Ich kenne den Film, er ist von der BBC produziert worden, vor zehn oder fünfzehn Jahren; das lokale Salzburger Fernsehen hat sich anscheinend gut auf die Volksabstimmung vorbereitet, womöglich hat man auch einen Film über die Blinden Indiens angefordert. Ich finde es irreführend und auch ein wenig provokativ, daß man dem einheimischen Konsumenten den auf Bäume kletternden, Kokosnüsse abreißenden und auf die Erde werfenden Schimpansen präsentiert; das ist ja, als zeige man intelligenten Abgesandten eines fernen Planeten den Menschen lenkraddrehend in einem Auto oder auf einen Bildschirm stierend. Sie werden mir den Namen des verantwortlichen Redakteurs melden!

Es mag stimmen, daß, so wie man den Elefanten zu Holzarbeiten im Dschungel herangezogen und ausgebildet hat, das Ernten von Kokosnüssen und anderen hoch in den Bäumen hängenden Früchten in der zweiten Hälfte des zwanzigsten Jahrhunderts in afrikanischen Ländern der Beginn der Indienstnahme des Schimpansen gewesen ist. Geben Sie acht, gleich wird einer der einheimischen Verbraucher beim Sender anrufen und sagen, man solle den Schimpansen doch die Reste der heimischen Wälder zeigen, und sie anstatt in den Hotels und Pensionen dort im Freien unterbringen. Der Schimpanse übt, abgesehen vielleicht von einigen unterentwickelten afrikanischen Dschungelabschnitten, diese Arbeit auf den Bäumen längst nicht mehr aus – auch dafür sind Maschinen eingesetzt worden. Überhaupt hat es ein Schimpanse unlängst in einer amerikanischen *Talk-show* treffend ausgedrückt, als er sagte, sie, die Schimpansen, brauchten die Bäume jetzt nicht mehr.

Der Konsument meint sich gegenüber den anderen Erdbewohnern Vorrechte herausnehmen zu dürfen, weil er *sprechen* kann. Wenn Sie jedoch hören, was aus dem Mund des Konsumenten meistens herausquillt, dann sagen Sie sich, daß für seine Mitteilungen auch Hände und Füße genügen würden.

Mein Bruder scheint seine Niederlage gelassen zu tragen, oder er ist sich gewiß, recht zu behalten und sich demnächst zu rehabilitieren. Es scheint zur Zeit keine Alternative zu ihm zu geben, nicht wahr? Die Opposition im Gemeinderat vermag sich nicht zu einigen. Man wird Carl-Eberhard bitten, sein Amt weiterzuführen. Warum haben sie den Schimpansen nicht bei seiner Tätigkeit am Fließband gezeigt – davon handelt der zweite Teil des Films –, als Autofahrer im Autodrom, oder wenigstens Auto-ziehend, Auto-schiebend in den japanischen Städten?

Der Zeitpunkt, da ich meinem Bruder gegenübertrete, ist noch nicht gekommen; diese Vorsprache bei Ihrem Bürgermeister kann ich Ihnen nicht ersparen. Was fürchten Sie denn? Nicht wahr, Sie sind sich Ihres neuen Status, Ihres künftigen Einflusses noch nicht bewußt geworden! Sie werden sehen, in Rom-Fiumicino, in Orlando, in Versailles oder in Kyoto: eines Tages werden Sie vielleicht eine *Happy-World*-Stadt regieren, und dann haben Sie mehr Macht und Einfluß als irgendein Bürgermeister oder Senator! Politiker aller Richtungen werden Ihre Nähe, Ihr Wohlwollen suchen, und Sie werden diese Politiker für Ihre, für unsere Zwecke, für das Gedeihen unseres Imperiums einsetzen. Begreifen Sie, warum wir Sie hier in Salzburg nicht einsetzen können? Sie wären gehemmt in der Durchführung unserer Ziele, die Politiker hier kennen Sie, Sie sind auch zu weich, müssen erst gehärtet werden im Einsatz an der Front. In Rom oder Madrid werden keine sentimentalen Rücksichten Sie daran hindern, unsere Vorhaben durchzusetzen. Der Erfolg von *Happy-World* gründet unter anderem darin, daß wir in allen Dörfern und Städten auf der ganzen Welt ein einheitliches Durchführungssystem installiert haben, es wechseln nur die Kulissen.

Schade, daß wir noch keine Uniformjacke für Sie haben. Der gelbe Blazer mit dem gestickten

Wappentier wird Ihnen gut stehen, Neugebauer. *Paco,* der Schakal mit dem aufrechten Gang, ist draußen in der Welt bereits zu einer Kultfigur geworden, mit der die Konsumenten sich identifizieren.

Sie werden nicht lange verhandeln müssen morgen: Carl-Eberhard ist kein Dummkopf, er wird sich sofort, wenn Sie bloßlegen, in wessen Auftrag Sie verhandeln, im Auftrag von *Happy-World* nämlich, ausrechnen, daß eine neue Ära anbricht, gegen die er und mit ihm die ganze Stadt machtlos ist, und er wird sich vornehmen, sich so teuer wie möglich zu verkaufen.

Sie müssen gar nicht laut denken und vor ihm erwägen, *Happy-World* könnte die Anlage um einen Kilometer weiter außerhalb der Stadt verlegen, und es würde damit eine der umliegenden Gemeinden in den Genuß des gewaltigen Steueraufkommens gelangen; Sie dürfen jedoch gerne so nebenbei Zahlen, Umsatzzahlen nennen von Anlagen vergleichbarer Größe. Carl-Eberhard wird den Prozentsatz für die Stadt blitzschnell überschlagen: Damit könnte die Sozialhilfe für die hiesigen Konsumenten wieder bezahlt, vielleicht sogar erhöht werden; der Einheimische könnte sorgenlos fernsehen und Autodrom fahren, überhaupt würde die Wirtschaft in Schwung gebracht und die Ausfallhaftung an die Gastronomie könnte finanziert werden. Es werden auch einige Arbeitsplätze für einheimische Konsumenten geboten werden; etliche tausend Putzfrauen und -männer werden sich etwas dazuverdienen können.

Konfrontieren Sie den Bürgermeister anhand des provisorischen Bauplans mit den vorerst wichtigsten Punkten: Erstens, Rodung des Wäldchens A; zweitens, Schleifung der Siedlungen B, C, D, E, sowie der einzelnen Anwesen F bis R; drittens, Wasserschiene, Kanalisation, Autobahn-Anschlüsse sowie Landebahn. Sollte er an dieser Stelle schon mit kleinen Einwänden kommen, so geben Sie zu bedenken, daß wir an so gut wie allen Orten Steuerbefreiung für die ersten zwei bis drei Jahre genossen haben und nur hier, in Anbetracht der großen kulturellen Tradition der Stadt, die wieder belebt werden soll, bei rascher, unbürokratischer Abwicklung der Bauverhandlungen, der Ausnahmegenehmigungen, eine Sonderregelung erwägen könnten.

In meinem Gepäck muß sich ein Videofilm befinden, eine Demonstrationskassette über unsere ersten 25 *Happy-World*-Dörfer, sowie eine Broschüre mit den Umsatzzahlen jener Zentren. Gehen Sie also morgen früh zum Bürgermeister, weisen Sie sich aus als autorisierter Vertreter der *Happy-World*-Zentrale New York und übergeben Sie ihm mit dem provisorischen Errichtungsplan diese Videokassette sowie die vertraulich zu behandelnde Broschüre.

Waren Sie schon in den Amtsräumen meines Bruders? Prägen Sie sich ein, wie die bürgermeisterlichen Büros im Schloß Mirabell ausgestattet sind, und berichten Sie mir dann anschließend darüber.

Irgendwann in den siebziger Jahren bin ich bei dem damaligen Bürgermeister gewesen – ich denke, er hat Wagenbichler geheißen –, mein Vater hatte mich hingeschickt, damit ich wegen zusätzlicher Parkplätze vor unserem Haus verhandle; damals habe ich gestaunt, wie der Kleinbürger Wagenbichler sich mit den Barockmöbeln und den Ölbildern, wahrscheinlich aus dem alten Fürsterzbischöflichen Schloß, eingerichtet hatte. Die Vorliebe des Kleinbürgers fürs Antike, Antiquarische, ist bemerkenswert, und der Erfolg von *Happy-World* – der Disney-Konkurrenz jahrelang ein Rätsel – ist wohl hauptsächlich erzielt worden, weil wir dieses Bedürfnis des Konsumenten befriedigt haben.

Vielleicht hat mein Bruder sich ganz modern eingerichtet, eine gläserne Computer-Zentrale, wie mein Hauptquartier in der Bronx...

Carl-Eberhard ist vermutlich gar kein übler Bürgermeister. Die hiesigen Konsumenten verdienen ihn gar nicht, er scheint tatsächlich weiter vorauszudenken und zu planen als zwei, drei Jahre. Erstaunlich, diese Wandlung, diese Einsicht in größere Zusammenhänge; ich war zeitlebens davon überzeugt, daß die Menschen sich nicht ändern...

Ist es das Alter – er ist aber doch noch keine sechzig –, die beginnende Senilität, die ihn dazu bringt, dauernd von der *kulturellen Tradition* seiner Stadt zu reden, als wolle er herbeibeschwören, was im ersten großen Krieg von der Aristokratie und ihren vertrottelten Militärs erledigt worden ist, was nach dem zweiten großen Krieg der Kleinbürger endgültig ausgelöscht hat?

Ausgerechnet Carl-Eberhard, der noch in den siebziger und achtziger Jahren, vor der Entmotorisierung, dafür eingetreten ist, daß der Konsument mit seinem Kraftfahrzeug zu jedem Geschäft, zu jedem Restaurant in der Altstadt fahren könne, der mit anderen Wirtschaftstreibenden in der Erwartung profitabler Geschäfte und zum Wohle der bodenständigen Verbraucher den Massentourismus, die Autobusse und Charterflugzeuge in die Stadt gelockt hat! Und dieser mein Bruder wird Ihnen morgen, wenn Sie die *Happy-World*-Unterlagen auf seinen Tisch legen, zu bedenken geben, die abendländische Kultur sei in Gefahr, von *Mickey-Mouse* und *Paco* eliminiert zu werden. Verstehen Sie das Geschrei über den Untergang des Abendlandes? Als gäbe es in dieser Welt einen allgemein gültigen ästhetischen Code, eine Trennung des sogenannten guten vom sogenannten schlechten Geschmack.

Wäre mein Bruder im Jahre 1990 mit mir auf Acquisition nach Deutschland, Italien und Japan gereist – diese Tourismusnationen lagen damals in der Incoming-Statistik der Stadt an der ersten Stelle –, so hätte er sehen können, daß die Verwertung der sogenannten *abendländischen Kultur* längst von Geschäftstreibenden in Gang gebracht worden war.

Obwohl diese *abendländische Kultur* schon lange nicht mehr existiert, hat mir diese Legende, dieser Mythos in meiner Gymnasialzeit viel bedeutet. Was nützte eine romanische Kathedrale, ein gotischer Dom, wenn kein Auge mehr vorhanden ist, sie zu *sehen* und hinter die Erscheinung zu blicken – und selbst wenn die Touristen sehen könnten, könnten sie nichts sehen, weil sie sich gegenseitig die Sicht verstellten. Eine sogenannte geistige Kapazität jener Jahre hat einmal gefordert, man solle schnellstens kleine klosterartige Siedlungen errichten, in welchen die Träger des Geistes und ihre Schüler hinübergerettet werden könnten in eine künftige, weniger geistfeindliche Epoche...

Sie haben recht, ich schwätze Unsinn, ein sentimentaler Rückfall in meine Jugend – aber dort liegen die Wurzeln für meinen Weg; als die *abendländische Kultur* begraben wurde, begann mein Aufstieg. Damals bewunderte ich – ich habe es schon erwähnt – die Genialität Walt Disneys, der den Mythos des zwanzigsten Jahrhunderts, die *Mickey-Mouse* geschaffen hat, ein erster Versuch, dem Konsumenten eine geistige Heimat zu geben.

Was die Vordenker der Französischen Revolution und Marx erträumten: daß alle Menschen gleich bedürftig seien – nicht die Revolutionäre haben es verwirklichen können, blicken Sie nach China oder in die Sowjetunion. Walt Disney ist die Partei mit dem weltweit größten Zulauf der letzten Jahrzehnte, und wir, mein lieber Freund, dürfen uns zugute halten, einen nicht geringen Beitrag geleistet zu haben, um dem Menschen erstmals seit einem halben Jahrtausend wieder ein Weltbild, in dem er Geborgenheit findet, anzubieten, und wir werden diesen unseren Beitrag in zunehmendem Maße erhöhen, wobei wir die Besucherzahlen des Disney-Imperiums weit übertreffen. Die alten Philosophen, so sagte man, haben die Welt interpretiert – wir, Neugebauer, machen sie besser konsumierbar!

Das hiesige *Happy-World* wird für die Gesamt-Idee völlig bedeutungslos sein, eine meiner Marotten, damit ich meine alten Tage am Alten Markt in Ruhe verbringen kann.

Wir können uns hier nicht ausbreiten; wohin wir uns auch wenden: Berge, Seen, Staatsgrenzen, bereits dicht verbautes Grünland, überwachsene Autobahnen.

Die eigentliche Idee von *Happy-World* ist die, daß die Konsumenten nach und nach unsere Dörfer und Städte nicht bloß besuchen – und damit gehen unsere Zielsetzungen weit über jene Walt Disneys hinaus –, sondern sich darin niederlassen, um dort ein erfüllteres Leben führen zu können.

Sie sind Realist, wie! In der Tat, die Schuldscheine, die die Konsumenten des vorigen Jahrhunderts ausgestellt haben, lange, sehr lange sind sie herumgeschoben worden, von Nord nach Süd, von Süd nach West, von Ost nach Nord –, werden nun unwiderruflich fällig werden. Preisfrage, mein Lieber: Wird der *Große Bäng* – so wie der Weltuntergang immer wieder vorhergesagt –, vor dem *Großen Erbrechen* eintreten, oder umgekehrt? Was soll man der Konsumentenheit wünschen? Einen aus ihren Reihen gewählten großen Diktator?

Ich selbst bin zuversichtlich, der Konsument wird sich – es besteht keine Gefahr – eher in eine Hyäne verwandeln und Aas fressen als sich erbrechen; das *Große Erbrechen,* werden vermutlich nicht einmal Sie erleben. Noch können viele Konsumentenländer sich gegenseitig Schuldscheine zuschieben, können Pensionen und Sozialhilfen an ihre Einwohner verteilen, und somit sind die Besuche, sind die Aufnahmen in unser Staatswesen möglich. Die Lebenskosten in *Happy-World* sind äußerst gering, der Konsument in seiner *Schublade* (so Spötter von der Disney-Konkurrenz) braucht nichts als Versorgungsschlauch, Ablaßschlauch, Mundstück, Kopfhörer und Bildwand. Die Herrschaften mögen wählen zwischen simulierter Autofahrt, Weltreise, Volksmusik-Show oder Horrorfilm.

Blicken Sie nicht so entgeistert, es würde auch

Ihnen gefallen! Sollten Sie im Versorgungsdorf ein Bedürfnis verspüren nach der *Alten Welt,* nach kulturellen Veranstaltungen, nach einer Bücherei, so transportiert der Rollsteg Sie in das Besucherdorf; wie die Statistik zeigt, das Ergebnis wird bei uns immer wieder diskutiert, macht eine spärliche Minderheit von diesem Angebot Gebrauch, und bloß ein einziges Mal. Das erinnert mich an eine Umfrage, die in meiner Jugend stattgefunden hat, man hat festgestellt, daß von den ungefähr hundertzwanzigtausend heimischen Konsumenten nicht einmal ein halbes Prozent die Räume in Mozarts Geburts- oder Wohnhaus, das Innere der Festung, das Barockmuseum, die Michael-Haydn- oder Traklgedenkstätte je besichtigt, oder sich gar Gedanken gemacht hätte um die Barock- und Rokoko-Ausstattung der romanischen St. Peters-Kirche...

Der Konsument, nicht nur der akademisch Informierte, hat zwar, sobald er seine Tiefkühltruhe installiert und angefüllt und das Jahresabonnement fürs Autodrom in der Tasche gehabt hat, der Schicklichkeit halber gerne Konzerte und Theateraufführungen besucht und Bücher gekauft; mit dieser verwesten Kultur der Fürstenhöfe und des Bürgertums hat er jedoch, genau genommen, nie etwas zu tun gehabt, er würde sich belästigt fühlen von Ansprüchen, die an ihn gestellt werden; schließlich haben wir unsere eigene Kultur geschaffen.

Sobald Sie Ihr erstes *Happy-World*-Zentrum besucht haben, werden Sie verstehen, wovon ich rede, werden Sie den durchschlagenden Erfolg gerade beim kulturell aufgeschlossenen Konsumenten begreifen.

Nehmen wir Rom-Fiumicino, wir haben dort die markanten Kathedralen, Schlösser, Plätze und Straßenzüge aller berühmten italienischen Städte aufgebaut, der Konsument muß nicht mehr wie früher drei oder gar vier Tage aufwenden, um Venedig, Pisa, Florenz und Rom gesehen zu haben; die *Happy-World*-Rundfahrt dauert eine Stunde und fünf Minuten, und dabei wird jeder Besucher den Rialto, den Schiefen Turm, den David und die Peterskirche erlebt haben; Schauspieler rezitieren als Dante und Petrarca in historischen Kostümen in allen Weltsprachen aus deren unsterblichen Werken. Musiker in ebensolchen Kostümen spielen Auszüge aus berühmten musikalischen Nummern der jeweiligen Epoche; der schmackhafte Landwein ist ebenso im Preis inkludiert wie die Audienz bei Papst Leo X. mit anschließendem Segen, der Scheiterhaufen, auf dem zu jeder vollen Stunde ein Ketzer verbrannt wird, die Fahrt durch einen Olivenhain und so weiter.

Der Transport mittels magnetisch gesteuerter Waggons mit je hundert Besuchern ist so berechnet, daß stündlich bis zu zweihunderttausend Verbraucher das Klassische Italien besuchen können. Überflüssig zu sagen, daß die

Fahrt auch ins Innere des Petersdomes führt, durch die Säle der Uffizien, wobei die berühmtesten Gemälde zu sehen sind, nicht zu vergessen die Sixtinische Kapelle, worin jedoch, um die früher obligate Genickverkrampfung zu vermeiden, das Fresko von Michelangelo im Vorbeifahren seitlich an den Wänden betrachtet werden kann, während die eher unattraktiven Gemälde der übrigen Renaissance-Künstler auf die Decke ausweichen mußten.

Die Kultur, mein Lieber, ist eine Frage der richtigen Dosierung! Anschließend freuen sich die Besucher darauf, alles das, was sie gerade gesehen haben, aufzuessen. Die berühmten Bauwerke und Kunstwerke sind aus Chips & Ketchup originalgetreu erbaut worden, und werden – während auf einer zehn Kilometer entfernten, eben gereinigten Grundfläche das Klassische Italien II in weniger als einer Stunde zum zwölften Mal am Tag errichtet wird –, in der Regel bis auf die Fundamente konsumiert.

Es wundert mich, daß ausgerechnet Sie, so wie mein Bruder, vom *Original* reden. Sie können unmöglich ein Original zu Gesicht bekommen haben, mein Lieber; die Stadt, wie sie vor hundert Jahren ausgesehen hat, kennen Sie höchstens von uralten Fotografien, von Gemälden und Stichen; Sie können nicht wissen, was eine Tomate, ein Schluck Wein, was eine Semmel ist, Sie kennen bloß mißratene Fälschungen!

Die Arbeiten müssen schnellstens vorangetrieben werden! Sagen Sie meinem Bruder, der Baubeginn für *Happy-World* wird noch für diesen Sommer festgesetzt; ich lebe nicht ewig, ich will mich endlich zur Ruhe setzen am Alten Markt. Kommen Sie morgen in mein Haus, ich erwarte zwei weltberühmte Architekten, die sich bereits seit Monaten mit antiken Stichen und Bauplänen der Stadt beschäftigen. Zuerst einmal muß der Alte Markt und sein gesamtes Ambiente in den ursprünglichen Zustand verwandelt werden.

Die Aussicht über die Dächer der Alten Residenz auf die Kuppeln des Domes, der Blick auf den Platz hinunter – der Belag muß wieder gepflastert werden –, auf den Marktbrunnen – ich sehe das immer noch, wenn ich die Augen schließe! Nur dafür habe ich gelebt! Den Ladenbesitzern wird morgen gekündigt, alle die scheußlichen bunten Geschäftsfassaden, die sich da seit sechzig, siebzig Jahren breit gemacht haben, müssen verschwinden; als erstes schmeiße ich den Video-Kassetten-Verleiher hinaus, die Alte Hofapotheke mit ihrer Rokoko-Fassade wird wieder errichtet. Keine billige Kosmetik, etwa in der Art, wie der vorige Bürgermeister – wie mir meine Nichte erzählt hat – in der Saison, bei Autobusankünften von Studienreisenden an die Stellen, die früher in den Reiseführern als *Sehenswürdigkeiten* bezeichnet worden sind, fünfzig mal fünfzig Meter große und größere bemalte Pappkulissen vor die Läden hat schieben lassen, damit die ausländischen Kunstfreunde Motive für ihre Kameras haben; dieser Bürgermeister Größwang hat ja auch gegenüber dem Schloß Mirabell, auf dem Platz der geschleiften St. Andrä-Kirche, ein 50stöckiges Hochhaus geplant, es hätte das größte Automobilmuseum Europas – mit Publikumsfahren auf dem Top – werden sollen. Kleinbürgerträume, Neugebauer!

Wenn Sie morgen aus meinen Südfenstern schauen, werden Sie mich vielleicht verstehen.

Sie verstehen mich selbstverständlich *nicht,* wie sollten Sie, es fehlen Ihnen ja sämtliche Voraussetzungen dafür, wie sollten Sie sich den Blick vorstellen können, den man vor einem Menschenalter noch aus diesen Fenstern hat tun können!

Kein *walkabout* da drunten, keine *Sehenswürdigkeiten* – die befinden sich zehn Kilometer außerhalb –, und die Höchststrafe für jemanden, der sich mit einer Kamera auf den Alten Markt verirrt.

Der Kleinbürger will in Wahrheit die Bombe, Neugebauer – seine bemerkenswerteste, konsequenteste Schöpfung –, mit Fernbedienung, als letzte Attraktion, nach Sendeschluß...

Aber nachdem er sich ausgeschlafen hat, wird er hungrig nach dem Brathuhn aus der Tiefkühltruhe, nach dem französischen Landwein, dem Autodrom und der Fernreise...

Unsere Journalisten durchstreifen unablässig die abgelegensten Winkel der Erde, und wenn sie irgendwo in Nepal oder Lappland ein Tal entdecken, das noch von keinen Strommasten gespickt ist, ein Dorf ohne Reiseleitung, eine Ruine, die noch keiner gefilmt hat, oder einen Eingeborenenstamm ohne Schnellkochtopf, dann schreien sie: *Hierher!,* und die Konsumenten schöpfen frischen Mut, stürmen die Reisebüros und packen ihre Kameras...

Lassen Sie sie klopfen, kümmern Sie sich nicht darum. Eine Abordnung der Konsumentenpartei, schätze ich, ein Haufen Debiler, sie fürchten, die Schimpansen könnten sie aus dem Autodrom drängen, sie verlangen die achte Fahrspur und eine Erhöhung der Maximalgeschwindigkeit, oder schreien wieder einmal nach der Totalen Mobilmachung...

Die brechen ja die Tür auf! Unternehmen Sie endlich etwas, Neugebauer! Schützen Sie mich vor diesen Wahnsinnigen!

ÖBV Publikumsverlag/Wissenschaftsverlag
A-1010 Wien, Hohenstaufengasse 5

Alle Rechte vorbehalten

Fotomechanische Wiedergabe nur mit
Genehmigung des Verlages

© Österreichischer Bundesverlag
Gesellschaft m.b.H., Wien 1990

Design: Tino Erben

Druck: Landesverlag, Linz

Printed in Austria

ISBN 3-215-07524-5